Z - 14.

Verweis: VA

BEITRÄGE

AKADEMIE FÜR RAUMFORSCHUNG UND LANDESPLANUNG

Band 87

D1723849

Hans-Friedrich Eckey

Jürgen Lange
Josef Schwickert

Regionalisierung
der sektoralen Strukturberichterstattung

CURT R. VINCENTZ VERLAG HANNOVER 1985

CIP-Kurztitelaufnahme der Deutschen Bibliothek

Eckey, Hans-Friedrich:
Regionalisierung der sektoralen Strukturbe-
richterstattung/
Jürgen Lange; Josef Schwickert.-
Hannover: Vincentz, 1985

(Veröffentlichungen der Akademie für Raumforschung und Landesplanung: Beitr.: Bd. 87)
ISBN 3-87870-885-8

NE: Lange, Jürgen; Schwickert, Josef

ANSCHRIFT DER AUTOREN

Professor Dr. Hans-Friedrich Eckey

Gesamthochschule Kassel
Fachbereich Wirtschaftswissenschaften
Monteverdistraße 2
3500 Kassel

Jürgen Lange

und

Josef Schwickert

wiss. Hilfskräfte
am Fachgebiet Empirische Wirtschaftsforschung
am Fachbereich Wirtschaftswissenschaften
Gesamthochschule Kassel
Monteverdistraße 2
3500 Kassel

Geographisches Institut
der Universität Kiel
ausgesonderte Dublette

Inv.-Nr. 9413501 7

Best.-Nr. 885
ISBN 3-87870-885-8
ISSN 0587-2642

Alle Rechte vorbehalten . Curt R. Vincentz Verlag Hannover 1985
© Akademie für Raumforschung und Landesplanung Hannover
Gesamtherstellung: Sponholtz Druckerei, Hemmingen
Auslieferung durch den Verlag

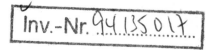
Geographisches Institut
der Universität Kiel

GLIEDERUNG:

TABELLENVERZEICHNIS

Ein Tabellenanhang mit ausführlichen Einzelangaben für alle betrachteten
Variablen und für alle Regionalen Arbeitsmärkte der Bundesrepublik ist
als fotomechanische Vervielfältigung beim Sekretariat der ARL erhältlich.

A B B I L D U N G S V E R Z E I C H N I S

A. Einleitung: A U F G A B E N S T E L L U N G   U N D   A U F B A U   D E R   U N T E R S U C H U N G

Den Ursachen und Auswirkungen des regionalen und sektoralen Strukturwandels wird seit Mitte der siebziger Jahre eine verstärkte Aufmerksam-
keit gewidmet. Der Grund hierfür liegt in den veränderten gesamtwirtschaftlichen Rahmenbedingungen. In einer Volkswirtschaft mit bis zu
diesem Zeitpunkt hohen gesamtwirtschaftlichen Wachstumsraten vollzog
sich der Strukturwandel nahezu "lautlos"; die Produktionsfaktoren - insbesondere Arbeitskräfte -, die in schrumpfenden Wirtschaftszweigen ihre
Beschäftigungsmöglichkeiten verloren, konnten fast friktionslos in neue
Arbeitsplätze expandierender Branchen eingegliedert werden. In Zeiten
allgemeiner Unterbeschäftigung ist dieser Wechsel nur noch sehr begrenzt
möglich. Der Verlust an Arbeitsplätzen in bestimmten Bereichen der Volkswirtschaft führt nicht mehr ausschließlich zu einer Ausweitung in anderen
Bereichen, sondern äußert sich vor allem in einem Anstieg der Arbeits-
losenquote.

Vor dem Hintergrund dieser geänderten Situation ist es verständlich, daß
sich sowohl die Politik als auch die Wissenschaft verstärkt mit dem
Ablauf des Strukturwandels und seinen Auswirkungen beschäftigt. Ein In-
dikator für diese These ist die erstmalige Erteilung von Forschungsauf-
trägen des Bundesministeriums für Wirtschaft zur Erstellung einer gesamtwirtschaftlichen Strukturberichterstattung an das Deutsche Institut
für Wirtschaftsforschung [1], das HWWA-Institut für Wirtschaftsforschung [2],
das Institut für Wirtschaftsforschung [3], das Institut für Weltwirtschaft [4] und das Rheinisch-Westfälische Institut für Wirtschaftsforschung [5] am 31.1.1978. Nach dem für alle Institute gleichlautenden

---

1) Deutsches Institut für Wirtschaftsforschung: Abschwächung der Wachs-
   tumsimpulse, Berlin 1980 (im folgenden zitiert als DIW 1980)
2) HWWA-Institut für Wirtschaftsforschung - Hamburg: Analyse der strukturellen Entwicklung der deutschen Wirtschaft, Hamburg 1980 (im folgenden zitiert als HWWA 1980)
3) IFO-Institut für Wirtschaftsforschung: Strukturberichterstattung,
   München 1980 (im folgenden zitiert als IFO 1980)
4) Institut für Weltwirtschaft an der Universität Kiel: Analyse der
   strukturellen Entwicklung der deutschen Wirtschaft, Kiel 1980 (im
   folgenden zitiert als IfW 1980)
5) Rheinisch-Westfälisches Institut für Wirtschaftsforschung: Analyse
   der strukturellen Entwicklung der deutschen Wirtschaft, Essen 1980
   (im folgenden zitiert als RWI 1980)

Auftrag "soll eine gesamtwirtschaftliche Analyse der strukturellen Entwicklung der Wirtschaftsbereiche erstellt werden. Es sollen insbesondere

- die Ursachen des Strukturwandels ermittelt,

- Wechselwirkungen zwischen strukturellen Veränderungen und gesamtwirtschaftlicher Entwicklung aufgedeckt,

- intersektorale Zusammenhänge zwischen Expansions- und Schrumpfungsvorgängen aufgezeigt,

- strukturelle Entwicklungslinien herausgearbeitet und

- die Auswirkungen des Strukturwandels auf den Arbeitsmarkt sichtbar gemacht werden."

Die sektoralen Strukturberichte sollen in einem regelmäßigen Turnus von vier Jahren aktualisiert werden; in der jüngsten Vergangenheit wurden die zweiten Berichte der gleichen Institute vorgelegt [1].

---

1) Deutsches Institut für Wirtschaftsforschung: Erhöhter Handlungsbedarf im Strukturwandel, Heft 79 der Beiträge zur Strukturforschung, Berlin 1984 (im folgenden zitiert als DIW 1984)

HWWA-Institut für Wirtschaftsforschung: Analyse der strukturellen Entwicklung der deutschen Wirtschaft, Hamburg 1983 (zitiert als HWWA 1983)

IFO-Institut für Wirtschaftsforschung: Strukturwandel unter verschlechterten Rahmenbedingungen, Nr. 114 der Schriftenreihe des IFO-Instituts für Wirtschaftsforschung, Berlin - München 1984 (zitiert als IFO 1984)

Institut für Weltwirtschaft: Im Anpassungsprozeß zurückgeworfen, Band 185 der Kieler Studien, Tübingen 1984 (zitiert als IfW 1984)

und Rheinisch-Westfälisches Institut für Wirtschaftsforschung: Analyse der strukturellen Entwicklung der deutschen Wirtschaft, Essen 1983 (zitiert als RWI 1983)

Eingebettet in diesen gesamtwirtschaftlichen sektoralen Strukturwandel sind regionale Veränderungen, die

- zum einen auf die räumlich divergierende Verteilung der Wirtschafts-sektoren und

- zum anderen auf spezifische Entwicklungsbesonderheiten in einem Raum

zurückgeführt werden können.

Aufgabe der folgenden Untersuchung ist es, die räumlichen Auswirkungen des sektoralen Strukturwandels zu analysieren. Dabei wird zunächst darauf eingegangen, auf welche Determinanten in regionalen Wachstumsmodellen räumlich unterschiedliche ökonomische Entwicklungen zurückgeführt werden können (Kapitel B I 1) und welche Bedeutung hierbei der sektoralen Ausgangsstruktur zukommt (Kapitel B I 2). Anschließend werden die Möglichkeiten aufgezeigt, die Komponenten des sektoralen Strukturwandels in Regionen empirisch zu erfassen (Kapitel B I 3).

Damit ist der Übergang vom theoretischen zum empirischen Teil der Arbeit vollzogen. In ihm werden die Erscheinungsformen des sektoralen Struktur-wandels in der Bundesrepublik Deutschland - vor dem Hintergrund der o.a. Strukturberichte - dargestellt und ermittelt, welche Relevanz ihnen in den regionalen Arbeitsmärkten der bundesrepublikanischen Volkswirtschaft zukommt (Kapitel B II). Der Schlußteil (Kapitel C) dient einer Zusammen-fassung der Ergebnisse.

B. HAUPTTEIL

I. DETERMINANTEN DER REGIONALENTWICKLUNG

1. Regionale Wachstumsmodelle

Bei einer regionalisierten Betrachtung ökonomischer Aktivitäten einer Volkswirtschaft wird eine Gesamtgröße - in der Regel das Bruttosozial- bzw. Bruttoinlandsprodukt - in ihre räumlichen Ausprägungen zerlegt.

$$y = y_1 + y_2 + \ldots y_n$$

Legende:

y = Ausprägung der Größe in der gesamten Volkswirtschaft

y_i = Ausprägung der Größe in der Region i

n = Anzahl der Regionen in der gesamten Volkswirtschaft

Die Differenzierung nach der Zeit und die Division durch y führt von einer statischen zu einer dynamischen Betrachtungsweise, von Anteils- werten zu Wachstumsraten.

$$\frac{dy}{dt} \cdot \frac{1}{y} = \frac{y_1}{y} \cdot \frac{1}{y_1} \cdot \frac{dy_1}{dt} + \frac{y_2}{y} \cdot \frac{1}{y_2} \cdot \frac{dy_2}{dt} + \ldots \frac{y_n}{y} \cdot \frac{1}{y_n} \cdot \frac{dy_n}{dt}$$

bzw.

$$g_y = \frac{y_1}{y} \cdot g_{y_1} + \frac{y_2}{y} \cdot g_{y_2} + \ldots \frac{y_n}{y} \cdot g_{y_n}$$

Legende:

g_y = Wachstumsrate der volkswirtschaftlichen Gesamtgröße

g_{y_i} = Wachstumsrate der Größe in der Region i

Ist $g_{y_i} > (<) g_y$, so steigt (sinkt) der Bedeutungsanteil der Region i im volkswirtschaftlichen Strukturwandel.

Mit der theoretischen Bestimmung unterschiedlicher g_{y_i} und damit den
Ursachen für einen räumlichen Strukturwandel befassen sich regionale
Wachstumsmodelle; während Erklärungsversuche der gesamtwirtschaftlichen
Entwicklung eine jahrhundertealte Tradition besitzen, finden sich frü-
heste Ansätze einer regionalisierten Wachstumstheorie erst in den zwan-
ziger Jahren [1].

Versucht man, die mittlerweile sehr umfangreich gewordene Literatur zu
systematisieren, so sind je nach gewählten Einteilungskriterien unterschiedliche Auflistungen möglich. So unterscheiden Buttler, Gerlach
und Liepmann [2] in Anlehnung an Richardson in "Exportbasismodelle, neoklassische Modelle, kumulative Verursachungsmodelle, ökonometrische
Modelle, Input-Output-Modelle und Multi-Sektoren-Modelle", Lauschmann [3]
zwischen Modellen der Entstehung und der räumlichen Ausbreitung von
Wachstumsprozessen und Koll [4] zwischen neoklassischen und anderen Modellen, die sich aus Exportbasis-, Input-Output-, Wachstumspol- und
Sektormodellen zusammensetzen.

Hier soll eine Unterscheidung zwischen traditionellen und polarisierten
Wachstumsmodellen vorgenommen werden, wobei erstere in (neo)klassische
und (post)keynesianische Modelle und letztere in sektorale und regionale Wachstumspolkonzepte unterteilt werden können [5].

---

1) Vgl. H. W. Richardson: Regional Growth Theory, London und Basingstoke
   1973, S. 9.

2) F. Buttler, K. Gerlach und P. Liepmann: Grundlagen der Regionalökono-
   mie, Reinbek 1977, S. 58.

3) E. Lauschmann: Grundlagen einer Theorie der Regionalpolitik, Hannover 1973, S. 104.

4) R. Koll: Regionales Wachstum, München 1979, S. 8.

5) Vgl. H.-F. Eckey: Grundlagen der regionalen Strukturpolitik, Köln
   1978, S. 91ff.

Während traditionelle Wachstumsmodelle von einer gleichgewichtigen Entwicklung ökonomischer Größen ausgehen, spielt sich in polarisierten Wachstumsmodellen die ökonomische Entwicklung als eine dauernde Abfolge von Ungleichgewichten ab, die keineswegs - wie in traditionellen Theorien - als den Wirtschaftsprozeß störend, sondern im Gegenteil als Motor der wirtschaftlichen Entwicklung angesehen werden. Wachstum vollzieht sich in der Form von Impuls und Resonanz. In einem Aggregat (Sektor oder Region) kommt es zu einer Steigerung des Outputs, induziert z. B. durch branchenspezifische technische Neuerungen oder Umschichtungen der Endnachfrage. Dieser geänderten Datenkonstellation entspricht eine neue gesamtwirtschaftliche Gleichgewichtsstruktur; bevor diese aber realisiert werden kann, treten neue Datenvariationen ein, so daß durch Wachstum dauernd versucht wird, Ungleichgewichte auszugleichen, ohne dies jedoch auf Grund der sich dauernd ändernden Gleichgewichtsstruktur je erreichen zu können - und zu sollen, da sonst der Motor der wirtschaftlichen Entwicklung seine Antriebskraft verlieren würde.

Die Produktion in einer Region i ergibt sich dabei aus einem Zusammenspiel von Angebot und Nachfrage. Ist Ap_i das Angebotspotential der Region, also die Menge von Gütern und Dienstleistungen, die mit der in der Region vorhandenen Arbeits- und Kapitalmenge maximal erzeugt werden kann, und N_i die in der Region wirksame Nachfrage, so gilt für die effektive Produktion

$$y_i = \text{Min.} \begin{cases} Ap_i \\ \\ N_i \end{cases}$$

In der neoklassischen Theorie wird das ökonomische Niveau über die Menge und die Produktivität der im Produktionsprozeß eingesetzten Faktoren erklärt. Eine Unterbeschäftigung aufgrund eines Nachfragemangels wird nicht als ein relevantes, längerfristig wirksames Phänomen angesehen, da das marktwirtschaftliche System aus sich heraus zur Vollbeschäftigung aller Produktionsfaktoren führt. Ein Grundmodell kann wie folgt formuliert werden [1]:

---

1) Ähnlich bei H.W. Richardson, a.a.O., S. 26.

Basierend auf einer Cobb-Douglas-Funktion gilt

$$g_{y_i} = a_i \cdot g_{A_i} + (1-a_i) \cdot g_{K_i} + f_i$$

Legende:

a_i = Produktionselastizität der Arbeit

$1-a_i$ = Produktionselastizität des Kapitals

g_{A_i} = Wachstumsrate der Arbeitskräfte in der Region i

g_{K_i} = Wachstumsrate des Kapitals in der Region i

f_i = technologischer Fortschritt in der Region i

Hierbei stellt f_i eine nicht näher definierte catch-all-Variable dar, die alle die Einflüsse auf das Wachstum des Bruttoinlandsproduktes in einer Region g_{y_i} umfaßt, die nicht auf einer Veränderung von Arbeit und (oder) Kapital basieren.

g_{A_i}, die Veränderung der im Produktionsprozeß eingesetzten Arbeitskräfte, basiert auf dem natürlichen Bevölkerungswachstum n_i und dem Wanderungssaldo mit den übrigen Regionen (m_{ij}), der über Entlohnungsdifferenzen $(W_i - W_j)$ erklärt werden kann.

$$g_{A_i} = \frac{n_i + \sum m_{ij}}{B_i}$$

$$m_{ij} = f(W_i - W_j)$$

Legende:

B_i = Bevölkerung in der Region i

Analog gilt für das Kapital, daß sich sein Wachstum aus den Ersparnissen in der Region S_i und den Nettokapitalimporten $\sum K_{ij}$, die sich über Zinsunterschiede $R_i - R_j$ erklären lassen, zusammensetzt.

$$g_{K_i} = \frac{\Delta S_i + \Sigma K_{ij}}{K_i}$$

Legende:

K_i = Kapital in der Region i

In den (post-)keynesianischen Wachstumsmodellen stellen nicht die Produktionsfaktoren und damit das Angebotspotential den wachstumslimitierenden Engpaß dar, sondern die auf eine Region entfallende Nachfrage. Zusätzliche Nachfrage stößt wegen einer Tendenz marktwirtschaftlicher Systeme zur Unterbeschäftigung in den seltensten Fällen auf Restriktionen im Angebot, so daß sie Niveau und Entwicklung des Produktionsprozesses bestimmt. Hierbei spielt der Export eine besondere Bedeutung. Nach dem Economic-Base-Konzept [1] (der Export-Basis-Theorie) kommt der regionalen Exporttätigkeit die entscheidende Rolle im Wachstumsprozeß zu. Ist y_i^{Ex} (y_i^L) der Teil des Bruttoinlandsproduktes einer Region, der auf Nachfrage anderer Regionen (intraregionale Nachfrage) entfällt, so ist

$$y_i = y_i^{Ex} + y_i^L \quad [2].$$

Ist c die marginale (= durchschnittliche) Nachfrageneigung für heimische Güter und Dienstleistungen, so ändert sich diese Beziehung in

$$y_i = y_i^{Ex} + c \cdot y_i$$

bzw.

$$y_i = \frac{1}{1 - c} \cdot y_i^{Ex}$$

---

1) Vgl. Ch. M. Tiebout: Exports and Regional Economic Growth, in: Journal of Political Economy, Vol. LXIV, No. 2.

2) Vgl. J. H. Müller: Methoden zur regionalen Analyse und Prognose, Hannover 1973, S. 128ff.

Die Wachstumsrate des Gesamteinkommens wird damit durch die Wachstumsrate der Exporte bestimmt.

Die sektorale Wachstumspoltheorie, zurückgehend auf Perroux [1], basiert
auf dem Tatbestand, daß Unternehmen intensive Vorleistungsverflechtungen
miteinander aufweisen. So tätigt ein Betrieb Vorleistungskäufe von Unternehmen auf der einen und Vorleistungsverkäufe an andere Unternehmen
auf der anderen Seite. Dabei ist für die regionale Entwicklungstheorie
von besonderem Interesse, daß die Sektoren einer Volkswirtschaft Ver-
flechtungsgrade unterschiedlicher Intensität miteinander aufweisen. Von
dem Wachstum eines Sektors i wird ein anderer Wirtschaftszweig dann besonders stark profitieren, wenn g_i hoch und die Verflechtung zwischen
i und j intensiv ist. Die sektoralen Austauschbeziehungen haben dann
eine regionale Komponente, wenn die Transport- und Kommunikationskosten
zwischen verwandten Branchen so groß ist, daß sie standortentscheiden-
de Bedeutung erlangen. Die Ansiedlung eines Unternehmens, das eng mit
anderen verflochten ist (motorischer Bereich), führt dann zum Nachzug
anderer Betriebe, die das regionale Wachstum weiter beschleunigen. Dieser Prozeß wird über den Einkommensmultiplikator verstärkt.

Nach der regionalen Wachstumspoltheorie hängt die Entwicklung eines
Wirtschaftsraumes vor allem von der Funktionsfähigkeit seines Zentrums
ab. In ihm konzentrieren sich die regionalen Wachstumskräfte, die auch
auf sein Umland ausstrahlen [2]. Positive externe Effekte und steigende
Skalenerträge führen dazu, daß Zentren - ceteris paribus - eine besonders hohe Standortattraktivität aufweisen. Voraussetzung für die Ent-
wicklungsfähigkeit einer Region ist dabei vor allem, daß ihr Zentrum
eine gewisse Größe und zentralörtliche Funktion erreicht hat, die es
zu einem regionalen Wachstumspol werden läßt.

---

1) Vgl. F. Perroux: Nôte zur la Notion de "Pôle de Croissance", in:
   Economie Appliquée 1955, Vol. 8, S. 307-320.
2) Bekannt geworden ist dieses Konzept vor allem durch Myrdal (vgl.
   G. Myrdal: Ökonomische Theorie und unterentwickelte Regionen, Stuttgart 1959).

Eine leistungsfähige Theorie des regionalen Wachstums müßte die einzelnen Erklärungsansätze, die nur spezielle Aspekte der räumlichen wirtschaftlichen Entwicklung beinhalten, miteinander verbinden. Solche Inte-
grationen sind in Ansätzen vorhanden [1]; eine umfassende Theorie des regionalen Wachstums steht aber bisher noch aus.

---

1) So hat v. Böventer den Versuch unternommen, neoklassische und regionale Wachstums-(pol)theorie miteinander zu verbinden. (Vgl. E. v.
Böventer: Regional Growth, in: Urban Studies, 1975, Vol. 12, S. 1-29.

2. Räumliche Auswirkungen des sektoralen Strukturwandels

Empirische Überprüfungen entwicklungsrelevanter Tatbestände in Regionen lassen sich in Shift-share-, in Input-Output- und ökonometrische Modelle subsumieren [1].

Die Shift-Analyse erklärt regionales Wachstum über die sektorale Ausgangsstruktur und Standortbesonderheiten, die Input-Output-Analyse über intersektorale und (oder) interregionale Austauschbeziehungen und ökonometrische Verfahren über ein spezifiziertes regionales Wachstumsmodell [2].

Hier soll den folgenden Ausführungen die Shift-Analyse zugrunde gelegt werden [3], die beispielhaft an der Entwicklung der Beschäftigung erläutert sei. Hierbei finden folgende Symbole Verwendung:

B_{ij} = Beschäftigte im Sektor i in der Region j

n = Anzahl der betrachteten Sektoren

m = Anzahl der Regionen einer Volkswirtschaft

t_0 = Zeitpunkt zu Beginn des betrachteten Zeitraumes

t_1 = Zeitpunkt zum Ende des betrachteten Zeitraumes

---

1) Ein guter Überblick über empirische Regionalmodelle findet sich bei M. Köppel: Ansatzpunkte der regionalen Wirtschaftsprognose (Diss.), Siegen 1977.

2) Ökonometrische Modelle stellen die anspruchsvollste Form der empirischen Erfassung regionaler Entwicklungen dar und gewinnen - vor allem in Form multipler Regressionsrechnungen - immer mehr an Gewicht. Zu ihren Grundlagen und Möglichkeiten vgl. J.H.P. Paelinck und L.H. Klaassen: Spatial Econometrics, Northhamptonshire 1977.

3) Zur Darstellung der Shift-Analyse vgl. P. Klemmer: Die Shift-Analyse als Instrument der Regionalforschung, in: Methoden der empirischen Regionalforschung (1. Teil), Band 87 der Forschungs- und Sitzungsberichte der Akademie für Raumforschung und Landesplanung, Hannover 1973, S. 117-130.

Die Variation der Anzahl der besetzten Arbeitsplätze eines Sektors i
in der Region j zwischen t_0 und t_1 (Gesamteffekt GE_{ij}) ergibt sich durch
die Differenz

$$GE_{ij} = B_{ij}^{t_1} - B_{ij}^{t_0}$$

Die gesamte Veränderung der Beschäftigtenzahl ist

$$GE_j = \sum_{i=1}^{n} B_{ij}^{t_1} - \sum_{i=1}^{n} B_{ij}^{t_0} = \sum_{i=1}^{n} (B_{ij}^{t_1} - B_{ij}^{t_0})$$

Verändert sich die Anzahl der Beschäftigten eines Sektors i in der Region j genauso wie in der gesamten Volkswirtschaft (Struktureffekt SE_{ij}),
so beträgt seine Veränderung zwischen t_0 und t_1

$$SE_{ij} = B_{ij}^{t_0} \cdot \frac{\sum\limits_{j=1}^{m} B_{ij}^{t_1}}{\sum\limits_{j=1}^{m} B_{ij}^{t_0}} - B_{ij}^{t_0}$$

Hierbei ist $\dfrac{\sum\limits_{j=1}^{m} B_{ij}^{t_1}}{\sum\limits_{j=1}^{m} B_{ij}^{t_0}}$ die Veränderungsrate der Beschäftigung im Sektor i

in der gesamten Volkswirtschaft zwischen den Zeitpunkten t_0 und t_1. Über
alle Sektoren hinweg ergibt sich

$$SE_j = \sum_{i=1}^{n} (B_{ij}^{t_0} \cdot \frac{\sum\limits_{j=1}^{m} B_{ij}^{t_1}}{\sum\limits_{j=1}^{m} B_{ij}^{t_0}} - B_{ij}^{t_0})$$

Nur in den wenigsten Fällen dürften gesamtwirtschaftliches und regionales Wachstum eines Sektors übereinstimmen.

Ihre Diskrepanz äußert sich im Standorteffekt StE_{ij}.

$$StE_{ij} = B_{ij}^{t_1} - B_{ij}^{t_0} \cdot \frac{\sum\limits_{j=1}^{m} B_{ij}^{t_1}}{\sum\limits_{j=1}^{m} B_{ij}^{t_0}}$$

bzw. - summiert über alle Sektoren -

$$StE_j = \sum\limits_{i=1}^{n} (B_{ij}^{t_1} - B_{ij}^{t_0} \cdot \frac{\sum\limits_{j=1}^{m} B_{ij}^{t_1}}{\sum\limits_{j=1}^{m} B_{ij}^{t_0}}$$

Wie ein Vergleich der obigen Beziehungen zeigt, ist

$$GE_{ij} = SE_{ij} + StE_{ij}$$

$$GE_j = SE_j + StE_j$$

Durch einfache Umformungen lassen sich diese absoluten Ausprägungen in leichter interpretierbare relative Faktoren überführen. Hierbei entsprechen sich:

abolute Größe	≙	relative Größe
Gesamteffekt	≙	Regionalfaktor
Struktureffekt	≙	Strukturfaktor
Standorteffekt	≙	Standortfaktor

Die Faktoren werden mit Hilfe der folgenden Beziehungen errechnet:

$$RF_j = \frac{\sum\limits_{i=1}^{n} B_{ij}^{t_1}}{\sum\limits_{i=1}^{n} B_{ij}^{t_0}} : \frac{\sum\limits_{j=1}^{m} \sum\limits_{i=1}^{n} B_{ij}^{t_1}}{\sum\limits_{j=1}^{m} \sum\limits_{i=1}^{n} B_{ij}^{t_0}}$$

In Worten:

Regionalfaktor der Region j bei den Beschäftigten

$$= \frac{\dfrac{\text{Beschäftigte in } j \text{ zum Zeitpunkt } t_1}{\text{Beschäftigte in } j \text{ zum Zeitpunkt } t_0}}{\dfrac{\text{Beschäftigte in der gesamten Volkswirtschaft zum Zeitpunkt } t_1}{\text{Beschäftigte in der gesamten Volkswirtschaft zum Zeitpunkt } t_0}}$$

$$SF_j = \frac{\displaystyle\sum_{i=1}^{n}\left(B_{ij}^{t_0} \cdot \dfrac{\displaystyle\sum_{j=1}^{m} B_{ij}^{t_1}}{\displaystyle\sum_{j=1}^{m} B_{ij}^{t_0}}\right)}{\displaystyle\sum_{i=1}^{n} B_{ij}^{t_0}} : \frac{\displaystyle\sum_{j=1}^{m}\sum_{i=1}^{n} B_{ij}^{t_1}}{\displaystyle\sum_{j=1}^{m}\sum_{i=1}^{n} B_{ij}^{t_0}}$$

In Worten:

Strukturfaktor der Region j bei den Beschäftigten

aufgrund der sektoralen Ausgangsstruktur in t_0 zum Zeitpunkt t_1

$$= \frac{\dfrac{\text{zu erwartende Anzahl von Beschäftigten in } j \ ^{1)}}{\text{Beschäftigte in } j \text{ zum Zeitpunkt } t_0}}{\dfrac{\text{Beschäftigte in der gesamten Volkswirtschaft zum Zeitpunkt } t_1}{\text{Beschäftigte in der gesamten Volkswirtschaft zum Zeitpunkt } t_0}}$$

_____

1) bei gleichem Wachstum aller Sektoren in j wie in der gesamten Volkswirtschaft.

$$StF_j = \cfrac{\sum\limits_{i=1}^{n} B_{ij}^{t_1}}{\sum\limits_{i=1}^{n} \left(B_{ij}^{t_0} \cdot \cfrac{\sum\limits_{j=1}^{m} B_{ij}^{t_1}}{\sum\limits_{j=1}^{m} B_{ij}^{t_0}}\right)}$$

In Worten:

Standortfaktor der Region j bei den Beschäftigten

$$= \frac{\text{Beschäftigte in j zum Zeitpunkt } t_1}{\text{zu erwartende Anzahl von Beschäftigten zum Zeitpunkt } t_1}$$

Es ist

$$RF_j = SF_j \cdot StF_j$$

Regional-, Struktur- und Standortfaktor sind zusammenfassend wie folgt zu interpretieren:

Faktor	Ausprägung	Interpretation
RF	> 1	Anzahl der Beschäftigten in der Teil- wächst schneller (schrumpft langsamer) als in der Gesamtregion
	$= 1$	Änderung der Anzahl der Beschäftigten in der Teil- entspricht der in der Gesamtregion
	< 1	Anzahl der Beschäftigten in der Teil- wächst langsamer (schrumpft schneller) als in der Gesamtregion
SF	> 1	in der Teilregion überwiegen wachstumsstarke Branchen
	$= 1$	in der Teilregion überwiegen normal wachsenden Branchen bzw. gleichen sich schnell und langsam wachsende Branchen aus
	< 1	in der Teilregion überwiegen wachstumsschwache Branchen
StF	> 1	in der Teilregion wächst die Anzahl der Beschäftigten schneller als aufgrund der sektoralen Ausgangsstruktur zu erwarten ist

= 1	in der Teilregion wächst die Anzahl der Beschäftigten genauso schnell wie aufgrund der sektoralen Ausgangsstruktur zu erwarten ist
< 1	in der Teilregion wächst die Anzahl der Beschäftigten langsamer als aufgrund der sektoralen Ausgangsstruktur zu erwarten ist.

Die Shift-Analyse wurde - wie ausgeführt - zunächst zur Bewertung der Entwicklung eines Kriteriums zu zwei verschiedenen Zeitpunkten herangezogen, kann jedoch auch analog zur Analyse von zwei Kriterien zu einem Zeitpunkt benutzt werden.

Interessiert man sich beispielsweise für die Einkommenswertigkeit der in einer Region vorhandenen Arbeitsplätze und ist w_{ij} das im Sektor i in der Region j erzielte Einkommen, so ist in den o. a. Beziehungen $B_{ij}^{t_1}$ durch w_{ij} und $B_{ij}^{t_0}$ durch B_{ij} zu ersetzen. Ein Regional-, (Struktur-, Standort-)faktor > 1 bedeutet dann, daß in der betrachteten Region j überdurchschnittliche Einkommen gezahlt werden (einkommensstarke Wirtschaftszweige überwiegen; mehr Einkommen erzielt wird, als aufgrund der sektoralen Ausgangsstruktur erwartet werden konnte).

Die Shift-Analyse begründet also interregionale Unterschiede über Divergenzen in der sektoralen Ausgangsstruktur, wobei hiermit nicht erklärbare Unterschiede in der Restvariablen Standortfaktor zusammengefaßt werden. Die Gründe für von 1 abweichende Standortfaktoren sind vielfältig; beispielhaft seien Größe und Lage des Zentrums, Ausstattung mit Infrastruktur, Kostendivergenzen usw. angeführt.

Im Mittelpunkt der folgenden Ausführungen stehen nicht Standortbesonderheiten, sondern interregional divergierende Sektoralstrukturen. Es interessiert, wie sich die Determinanten des sektoralen Strukturwandels auf die Regionen der Bundesrepublik Deutschland auswirken.

Nach allgemeiner Auffassung gibt es keine umfassende Theorie des sektoralen Strukturwandels; analog zu den obigen Ausführungen zu regionalem Wachstum läßt sich auch hier feststellen, daß es eine Vielzahl von Einzelgrößen gibt, die für eine sich wandelnde Sektoralstruktur verantwortlich zeichnen, jedoch noch keine simultane Erfassung und Berücksichtigung

gegenseitiger Abhängigkeiten in einem umfassenden Erklärungsansatz [1].
Es kann daher lediglich versucht werden, Determinanten und Erscheinungsformen des sektoralen Strukturwandels sinnvoll zu systematisieren
und nacheinander abzuarbeiten.

Wie in Regionen so wird auch in Sektoren das Wachstum entweder durch
eine unzureichende Nachfrage oder ein voll ausgelastetes Angebotspotential limitiert, so daß bei den Marktfaktoren zwischen der Entwicklung
von Nachfrage und Angebot unterschieden werden kann.

Gemäß der Tradition der volkswirtschaftlichen Gesamtrechnung läßt sich
bei der Nachfrage zwischen der Vorleistung (Güter und Dienstleistungen,
die wieder als Vorprodukte in den Produktionsprozeß eingesetzt werden)
und Endnachfrage (privater Verbrauch, Investitionsgüter, Staatsnachfrage, Exporte) unterscheiden.

Beim Angebot bietet sich eine Gliederung in Output- und Inputfaktoren
an.

Der Output wird in der Regel über die Bruttowertschöpfung bzw. über das
Bruttoinlandsprodukt gemessen. Ist BWS die Bruttowertschöpfung und P
das Preisniveau, so wächst der Output in einem Sektor i überdurchschnittlich, wenn

$$g_{BWS_i} > g_{BWS}$$

ist.

Der Übergang von nominalen zu realen Größen zeigt, daß hierfür

- ein stärkeres Wachstum des realen Outputs $\frac{BWS}{p}$

- eine Verbesserung der intersektoralen terms of trade $\frac{p_i}{p}$

verantwortlich zeichnen können. Ist nämlich

---

1) So auch E. Streissler: Theorie der Wirtschaftsstruktur (vervielfäl-
tigtes Manuskript), Bonn 1981

$$g_{BWS_i} > g_{BWS}$$

so gilt auch

$$\frac{g_{BWS_i}}{p} > \frac{g_{BWS}}{p}$$

bzw.

$$\frac{g_{BWS_i}}{p_i} \cdot \frac{p_i}{p} > \frac{g_{BWS}}{p}$$

bzw. bei infinitesimaler Betrachtung

$$g(\frac{BWS_i}{p_i}) + g(\frac{p_i}{p}) > g(\frac{BWS}{p})$$

Wie bei Produktionsfaktoren üblich, wird beim Input zwischen Arbeit, Kapital und technischem Fortschritt unterschieden.

Neben marktendogenen Faktoren wirken politische Maßnahmen auf den Strukturwandel, so daß sich seine Determinanten und Erscheinungsformen in folgender Übersicht (vgl. Abbildung 1) zusammenfassen lassen; ihre Elemente dienen als Gliederungspunkte für die im Kapitel B II erfolgenden empirischen Arbeiten.

Diese Konzentration auf sektorale Tatbestände und die weitgehende Vernachlässigung von Standortbesonderheiten legt die Frage nach der Relevanz der sektoralen Ausgangsstruktur für die Regionalentwicklung nahe, wobei zwischen theoretischen Entwicklungsmodellen und empirischen Überprüfungen zu unterscheiden ist.

Nach der neoklassischen regionalen Wachstumstheorie ist eine überdurchschnittliche räumliche Präsenz von solchen Sektoren entwicklungsgünstig, die

- hohe technologische Fortschrittsraten kennen

Abbildung 1:

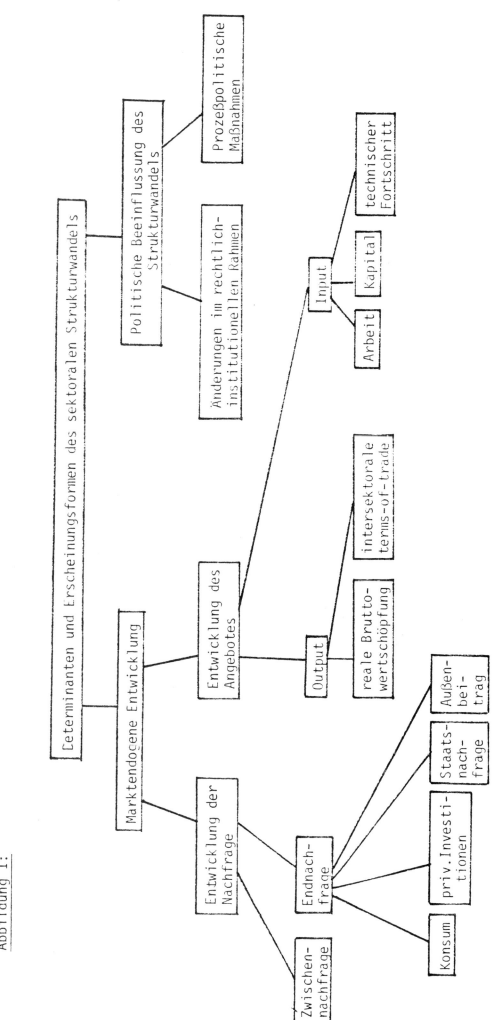

- relativ hohe Löhne zu zahlen in der Lage sind und so zu positiven
  Wanderungssalden bei den Arbeitskräften führen

- überdurchschnittliche Kapitalverzinsungen bieten und so erhebliche
  positive Nettoinvestitionen induzieren.

Die postkeynesianische Theorie sieht dagegen jene Wirtschaftszweige als
besonders entwicklungsrelevant an, die Güter und Dienstleistungen mit
überdurchschnittlichen Einkommenselastizitäten (superiore Güter) herstellen (die wiederum auch hohe Löhne und Renditen bieten müssen, um
bei voller Auslastung der Kapazitäten Produktionsfaktoren aus anderen
Verwendungsbereichen gewinnen zu können).

Die sektorale Wachstumspoltheorie stellt motorische Bereiche in den
Mittelpunkt. Da im volkswirtschaftlichen Wachstumsprozeß die sektoralen Schlüsselstellungen wechseln [1], kann für die Regionalentwicklung
eine Sektoralstruktur als besonders erfreulich gewertet werden, in der
Wirtschaftszweige mit wachsender Dominanz und Interrelation ein erhebli-
ches Gewicht besitzen.

Nicht so evident ist die Bedeutung der Sektoralstruktur in den regionalen Wachstumspolkonzepten. Nach ihnen ist die branchenmäßige Zusammensetzung der Wirtschaft einer Region eher das Ergebnis von Größe und
Attraktivität des Zentrums als seine Ursache. Dieser Zusammenhang wird
sich aber in Zukunft nach herrschender Auffassung lockern; die Mindest-
größe für einen Wachstumspol dürfte eher sinken und von immer mehr Ar-
beitsmarktzentren erreicht werden. Verantwortlich hierfür zeichnen vor
allem folgende Gründe:

---

[1] So haben in der Bundesrepublik Deutschland in der Nachkriegszeit
Kohle und Stahl weitgehend ihre Schlüsselrolle eingebüßt, während
z. B. die chemische Industrie und vor allem der Staat zu motorischen
Bereichen geworden sind.

- "Die oben dargelegten Überlegungen über die Entwicklung der economies of scale in der Privatwirtschaft ebenso wie in der Infrastrukturversorgung weisen darauf hin, daß in vielen Bereichen die optimalen Betriebsgrößen für Produktionseinrichtungen ebenso wie für Infrastrukturanlagen überschritten sind und neuere technische Entwicklungen neue Möglichkeiten zur Dezentralisierung eröffnen.

- Gleichzeitig sinken dank der Verkehrserschließung und den Informations- und Kommunikationstechnologien die Raumüberwindungskosten, so daß aus Kostengründen die Standort- bzw. Wohnortgunst von Unternehmen und Privaten Haushalten sinkt. Beide Akteursgruppen können damit Agglomerationsvorteile über große Entfernungen hinweg in Anspruch nehmen.

- Dagegen steigen die Kosten zur Erhaltung der natürlichen Umweltbedingungen je Einwohner mit wachsender Agglomerationsgröße. Hier führt die generell zunehmende Inanspruchnahme von Umweltgütern und die zunehmend kritischere Einstellung gegenüber Umweltbelastungen dazu, daß diese heute im Vergleich zu früher bereits bei kleinen Agglomerationsgrößen als negativ empfunden werden [1]".

Es bleibt festzuhalten, daß nach der neoklassischen und postkeynesianischen Wachstumstheorie sowie dem sektoralen Wachstumspolkonzept eher der Sektoralstruktur und nach dem regionalen Wachstumspolkonzept eher Standortbesonderheiten, insbesondere der Größe und Lage des Zentrums, stärkeres Gewicht bei der Erklärung der wirtschaftlichen Entwicklung von Regionen zukommt.

Ähnlich uneinheitlich sind die Ergebnisse bei empirischen Arbeiten. Bei Vergangenheitsuntersuchungen hat eher der Standort- als der Strukturfaktor zur Erklärung der Höhe des Regionalfaktors beigetragen, wenn auch

---

1) D. Schröder u. H. Wolff: Räumliche Entwicklungsprozesse und Raumordnungspolitik, Basel 1982, S. 64f.

letzterer bei zunehmender sektoraler Disaggregierung an Relevanz gewann [1],
während sich bei Prognosen eine ausschließliche Verwendung der sektoralen Ausgangsstruktur unter Vernachlässigung von Standortbesonderheiten
als treffsicherer erwiesen hat [2].

---

1) Bei der folgenden Berechnung von sektoralen Erwartungswerten konnte auf
   eine relativ detaillierte Unterscheidung von etwa 60 Wirtschaftszweigen
   zurückgegriffen werden.

2) Vgl. H.J. Brown: Shift and share projections of regional growth, in:
   Journal of Regional Science (1969), S. 1-18 und H.D. Hoppen: Regionale
   Sektorprognosen, in: Raumforschung und Raumordnung, 36. Jg., Heft 4/1978,
   S. 179-185.

3. Möglichkeiten zur empirischen Erfassung von Determinanten
   des sektoralen Strukturwandels in Regionen

Wünschenswert in bezug auf die in Abbildung 1 dargestellten und dem
Kap. B II in seiner Gliederung zugrunde gelegten Tatbestände ist die
Berechnung von Regional-, Struktur- und Standortfaktor, um so Ent-
wicklungsunterschiede zur gesamten Volkswirtschaft aufzeigen und auf
sektorale oder (und) Standortbesonderheiten zurückführen zu können.

Eine Realisierung dieses Wunsches ist aber von dem Vorhandensein von
Daten abhängig; in bezug auf die Datenlage ergeben sich grundsätzlich
folgende Möglichkeiten:

- Die Variablen liegen auf regionaler Ebene vor oder können doch zumin-
  dest zuverlässig geschätzt werden; alle drei Faktoren können berechnet werden.

- Es liegen nur sektoral differenzierte Ausprägungen für die gesamte
  Bundesrepublik vor. In diesem Fall muß man sich damit begnügen, Aussagen darüber zu machen, wie stark die Sektoralstruktur eines Wirtschaftsraumes auf das zu analysierende Kriterium durchschlägt, wenn
  innerhalb der einzelnen Wirtschaftszweige keine regionalen Besonder-
  heiten auftreten würden; es ist lediglich die Berechnung des Struk-
  turfaktors möglich.

- Liegt nur ein globaler Wert für die gesamte Volkswirtschaft ohne sektorale Differenzierung oder sogar gar keine Ausprägung vor, lassen
  sich keine spezifischen Aussagen für Wirtschaftsräume ableiten; keiner
  der drei Faktoren kann berechnet werden.

Ordnet man die o.a. Kriterien in bezug auf diese drei Fälle ein, so ergibt sich die folgende Beurteilung [1]:

---

1) Vgl. auch C. Krieger, K.-W. Schatz, J. Seitz und C. Thoroe: Möglichkeiten und Grenzen einer Regionalisierung der sektoralen Strukturberichterstattung, Kiel 1979.

In bezug auf die Entwicklung der Nachfragekomponenten der einzelnen
Wirtschaftszweige sowie ihre intersektorale Verflechtung liegen Angaben für die Bundesrepublik Deutschland vor, die gewöhnlich in Form
von Input-Output-Tabellen veröffentlicht werden. In diesem Zusammenhang ist auf entsprechende Veröffentlichungen des Deutschen Instituts
für Wirtschaftsforschung, des Rheinisch-Westfälischen Instituts für
Wirtschaftsforschung und des Statistischen Bundesamtes hinzuweisen.
Für Regionen der Bundesrepublik Deutschland, insbesondere Bundesländer, liegen vereinzelt Schätzungen für Input-Output-Tabellen vor. Für
kleinere regionale Einheiten bilden sie die Ausnahme.

Das Rheinisch-Westfälische Institut für Wirtschaftsforschung bemüht
sich z. B. um die Aufstellung einer Input-Output-Tabelle für das
Ruhrgebiet [1].

Daten der amtlichen Statistik lassen lediglich Aussagen über die Exporte der Industrie zu, die regelmäßig im Rahmen der Industrieberichterstattung veröffentlicht werden. Entsprechende Angaben für die Importe
sind nicht erhältlich.

Der regionale Output wird in der Regel mit Hilfe des Bruttoinlandsproduktes gemessen. Entsprechende Angaben werden für Kreise errechnet und
veröffentlicht, jedoch in einer sektoralen Disaggregation von nur vier
Wirtschaftsbereichen.

Die Menge der angebotenen und besetzten Arbeitsplätze in einem Wirtschaftsraum läßt sich zwar nur in großen Zeiträumen aus der amtlichen
Statistik entnehmen, da Berufs- und Arbeitsstättenzählungen nur etwa
alle zehn Jahre stattfinden. In der Zwischenzeit sind aber relativ
zuverlässige Schätzungen möglich. Statistische Quellen sind dabei die
Statistik der Sozialversicherungspflichtigen, die Industrieberichterstattung, der Baubericht, die Handels- und Gaststättenzählung, die
Landwirtschaftszählung sowie die Handwerkszählung.

---

1) Erste Ergebnisse dieses Versuches finden sich in Rolf Bruner, Henning
   Henies-Rautenberg und Klaus Löbbe: Wirtschaftsstrukturelle Bestands-
   aufnahme für das Ruhrgebiet (1. Fortschreibung), Essen 1978, S. 59.

Zu ähnlich zuverlässigen Ergebnissen kommt man, wenn man für eine Region die Nachfrage nach Arbeitsplätzen schätzen will, die sich aus der Multiplikation von Einwohnerzahl und Erwerbsquote ergibt. Durch Fortschreibung der Bevölkerung mit Hilfe der Statistik der natürlichen Bevölkerungsbewegung sowie der Wanderungsstatistik sind relativ zuverlässige Aussagen über die Bevölkerungsentwicklung in einem Wirtschaftsraum möglich. Zum 30.06. und zum 31.12. jeden Jahres werden entsprechende Angaben in der Statistik des Bevölkerungsstandes veröffentlicht. Schätzungen der Erwerbsquote sind dagegen nur schwieriger möglich. Im Rahmen des Mikrozensus[1] wird die Erwerbsbeteiligung auf der Ebene der Regierungsbezirke durch eine Stichprobe festgestellt; mit ihrer Hilfe ist es unter Setzung bestimmter Annahmen möglich, die Erwerbsquote auch in kleineren räumlichen Einheiten fortzuschreiben.

Die Qualität der im Produktionsprozeß eingesetzten Arbeitskräfte läßt sich über das erzielte Einkommen sowie die berufliche Qualifikation der Arbeitskräfte messen. Beide Kriterien werden im Rahmen der Berufs- und Arbeitsstättenzählung berücksichtigt. Zwischen ihren Erhebungszeitpunkten ist eine angenäherte Messung möglich. Die Löhne und Gehälter je abhängig Beschäftigten im Produzierenden und Bauhauptgewerbe sind der Industrieberichterstattung und dem Baubericht zu entnehmen; Hinweise auf die Qualifikation der im Produktionsprozeß eingesetzten Arbeitskräfte lassen sich aus dem Mikrozensus und der Statistik der Sozialversicherungspflichtigen ableiten.

Erheblich schwieriger ist eine relativ zuverlässige Erfassung des in einem Wirtschaftsraum eingesetzten privaten und öffentlichen Kapitals. In bezug auf das private Anlagevermögen liegen lediglich bundesrepublikanische Werte vor, so daß man sich mit der Berechnung von sektoralen Erwartungswerten begnügen muß. Grundsätzlich ist eine Schätzung privaten Kapitals auf regionaler Ebene mit Hilfe der Vermögensstatistik möglich, wurde jedoch bisher m. W. in kleinräumiger Differenzierung nicht durchgeführt.

---

1) Die Durchführung des Mikrozensus wurde aufgrund eines Urteils vom Bundesverfassungsgericht im Jahre 1983, das sich im Hinblick auf eine geplante Volks-, Berufs-, Arbeitsstätten- und Wohnungszählung mit Problemen des Datenschutz beschäftigte, vorläufig ausgesetzt.

Besser sieht dagegen die Situation für die Infrastruktur aus. Hier sind
umfangreiche Angaben zu erhalten, die sich von der Verkehrsinfrastruk-
tur bis zur medizinischen Versorgung, von der Ausstattung mit Kinder-
gärten, Schulen und Hochschulen bis hin zur Wohnungsversorgung erstrek-
ken [1].

Produktion benötigt Fläche; um Entwicklungsfriktionen in einer Region
zu vermeiden, ist es notwendig, die zur Herstellung von Gütern und
Dienstleistungen benötigte Fläche zur Verfügung zu stellen. Hierbei
bietet es sich an, die zukünftig benötigte und die tatsächlich vorhan-
dene Fläche in Form einer Bilanz gegenüberzustellen. Angaben über die
tatsächliche Nutzung lassen sich aus der Bodennutzungsstatistik entnehmen. Schwieriger ist es dagegen, die für eine Flächenbilanz wichti-
gere Frage der Größe der potentiell zur Verfügung stehenden Fläche
zu beantworten. Die Auswertung von Flächennutzungsplänen hilft hier
nur sehr begrenzt weiter, da politische Widerstände sehr häufig die Aus-
weisung von Flächen verhindern, die in Flächennutzungsplänen für eine
gewerbliche Nutzung vorgesehen sind.

Für die Erfassung des technologischen Fortschritts bieten sich verschie-
dene Indikatoren an. Theoretisch am befriedigendsten wäre es sicherlich,
die technologische Fortschrittsrate als Bestandteil einer Produktionsfunktion für einen Wirtschaftsraum zu schätzen. Diese Vorgehensweise
verbietet sich wegen fehlender Angaben über das im Produktionsprozeß
eingesetzte Kapital. Durchaus valide Hilfsgrößen können aber z. B. die
Entwicklung der Arbeitsproduktivität, die erteilten Lizenzen und Paten-
te sowie die vom Bundesministerium für Forschung und Technologie verteil-
ten Förderungsmittel sein. Für sie liegen Angaben in regionaler Differenzierung vor.

---

1) Ein Versuch, den Einfluß der Infrastruktur auf den wirtschaftlichen
   Entwicklungsstand einer Region zu messen, findet sich bei D. Biehl,
   E. Hußmann und S. Schnyder: Potentialkriterien als Kriterien für die
   Verteilung der regionalen Förderungsmittel des Bundes, Kiel 1973

Vor dem Hintergrund der (fast unüberwindlichen [1]) Datenprobleme und der Intention dieser Arbeit, die Bedeutung einer sich wandelnden Sektoral-struktur für die Entwicklung von Regionen herauszuarbeiten, erfolgt in den folgenden empirischen Arbeiten eine Beschränkung auf die Präsentation von Strukturfaktoren [2]. Bezugszeitpunkte sind hierbei die Jahre 1960, 1970, 1978 und 1981. Für diese vier Zeitpunkte und alle hieraus kombinier-baren Zeitintervalle wurden die entsprechenden Ausprägungen für die ein-zelnen Sektoren in der Bundesrepublik Deutschland und die sektoralen Er-wartungswerte der regionalen Arbeitsmärkte berechnet. Hieraus ergaben sich pro Kriterium insgesamt 10 Auswertungen, deren Darstellung im Detail den Rahmen dieser Arbeit sprengen würde. Deshalb erfolgt in den folgen-den Ausführungen in der Regel für die einzelnen Sektoren die Darstellung des Strukturwandels im Zeitraum von 1960-1978 (langfristiger Strukturwan-del) und das Intervall 1978-1981 (aktueller sektoraler Strukturwandel). Die Übertragung auf die regionale Ebene wird in der Regel exemplarisch für den Zeitraum von 1970-1981 vorgestellt.

---

1) Ein Versuch, für einen Wirtschaftsraum soweil wie möglich auch Regio-nal- und Standortfaktoren zu berechnen, findet sich bei H.-F. Eckey: Analyse der sektoralen Entwicklung im Ruhrgebiet, Essen 1982.

2) Das Gewicht der Sektoren in den einzelnen regionalen Arbeitsmärkten wurde den Berufs- und Arbeitsstättenzählungen 1961 und 1970 sowie ih-ren Fortschreibungen entnommen; die Rechenarbeiten führte teilweise Prof. Klemmer von der Ruhr-Universität Bochum mit seinen Mitarbeitern durch, denen für die hervorragende Zusammenarbeit herzlich gedankt sei.

II. BESTIMMUNGSFAKTOREN DES SEKTORALEN STRUKTURWANDELS UND IHRE RELE-VANZ IN DEN REGIONALEN ARBEITSMÄRKTEN DER BUNDESREPUBLIK DEUTSCH-LAND

1. Überblick über die sektoralen und regionalen Entwicklungsdeterminanten

1.1. Änderung in der Nachfrage nach Produkten
a) Entwicklung von Niveau und Struktur der Nachfragekomponenten

"In einem marktwirtschaftlichen System entscheidet direkt oder indirekt das Niveau und die Struktur der Endnachfrage, d. h. des privaten Verbrauchs, der Investitionsgüternachfrage, der Staatsnachfrage sowie der Auslandsnachfrage über die Absatzchancen des regionalen Güterangebots. Direkt ist der Einfluß, wenn die Güterproduktion angesichts ihres Veredlungsgrades ohne weitere Verarbeitung in die Endnachfrage eingeht, indirekt ist der Zusammenhang, wenn die Produktion mehr den Charakter von Vorleistungen hat, d. h. durch eine Art Zulieferfunktion geprägt wird. Vermag ein regionaler Produktionsbereich, aus welchen Gründen auch immer, sich nicht der sich ändernden End- oder Zwischennachfrage entsprechend anzupassen, kommt es zu regionalen Entwicklungsproblemen bzw. in Abhängigkeit von der Erwerbspersonenentwicklung zu Arbeitslosigkeit" [1].

Ein unterschiedliches regionales oder sektorales Wachstum bei der Gesamtnachfrage (Bruttoproduktionswert) kann sich dadurch ergeben, daß

- die einzelnen Nachfragekomponenten - Zwischennachfrage, private Nachfrage, Investitionsgüternachfrage, Staatsnachfrage und Exporte - in den einzelnen Sektoren und (oder) Regionen ein unterschiedliches Gewicht besitzen und im Zeitablauf divergierende Wachstumsraten aufweisen (Niveaueffekte der Nachfragekomponenten)

---

1) Paul Klemmer: Strukturpolitische Schlußfolgerungen, in: Paul Klemmer (Hrsg.): Die wirtschaftliche Entwicklung in den Arbeitsmärkten und Regionen des Bergischen Landes, Bochum 1981, S. 377.

- die einzelnen volkswirtschaftlichen Teilmengen innerhalb der einzelnen Nachfragekomponenten an Gewicht gewinnen bzw. verlieren (Struktureffekte innerhalb der Nachfragekomponenten).

Berechnet man den Anteil der Nachfragekomponenten am Bruttoproduktionswert, so zeigt sich, daß die Zwischen- gut, die End- knapp die Hälfte der Gesamtnachfrage ausmacht.

Dabei verschieben sich die Anteile der Zwischen- und der Endnachfrage im Zeitablauf nur wenig. Die Wachstumsrate der Zwischennachfrage liegt langfristig geringfügig über derjenigen der Endnachfrage, wobei die Erstellung von Gütern, die der Befriedigung der Zwischennachfrage (Endnachfrage) dienen, relativ starken (schwachen) Konjunkturausschlägen ausgesetzt ist.

Für die im Zeitablauf leicht steigende Vorleistungsquote zeichnen folgende Ursachen verantwortlich [1]:

- "steigende Technologieintensität, zunehmende interindustrielle Arbeitsteilung und weitere Produktdifferenzierung, ...

- die zunehmende Anreicherung der Produkte, insbesondere industrieller Gebrauchs- und Investitionsgüter mit Service-, Planungs-, Beratungs- und Finanzierungsleistungen der Dienstleistungsbereiche, nicht zuletzt bei der Abwicklung umfangreicher Investitionsprojekte im Ausland, ...

- gebremst wurde diese Entwicklung allerdings durch den verstärkten Einsatz leichterer und kostengünstigerer Werkstoffe".

Innerhalb der Endnachfrage expandierten der Staatsverbrauch und die Ausfuhr besonders stark, während der private Verbrauch leicht, die Bruttoinvestitionen dagegen stark unterdurchschnittlich anstiegen.

---

1) Vgl. RWI 1980, S. 140.
   Ähnlich bei RWI 1983, S. 97ff.

Bei der Betrachtung der Endnachfrage "zeigt sich, wenn man einen Trend über die Jahre 1960-1979 legt,

- ein rückläufiger Anteil des privaten Verbrauchs und der Anlageinvestitionen sowie

- ein im Vergleich zur Einfuhr schwächerer Anstieg der Ausfuhr und eine besonders kräftige Zunahme der Staatsnachfrage.

Vergröbert kann man auch so formulieren: Es hat eine Verlagerung volkswirtschaftlicher Ressourcen gegeben

- im konsumtiven Bereich zugunsten des Staates und

- im investiven Bereich zugunsten des Auslandes"[1].

Ceteris paribus sind damit jene Regionen im Wachstumsprozeß begünstigt, in denen viele Güter zur Befriedigung des Staatsverbrauchs und der Auslandsnachfrage hergestellt werden, während jene Räume, in denen die Zwischennachfrage, der private Verbrauch und - insbesondere - die Bruttoinvestitionen eine überproportionale Rollen spielen, geringere Wachstumsraten aufweisen dürften.

Überlagert werden diese Umgewichtungen durch erhebliche Verschiebungen innerhalb der einzelnen Nachfragekomponenten. Für die Zwischennachfrage läßt sich folgender Trend nachweisen:

- "Bereiche mit dem Produktionsschwerpunkt bei standardisierten Gütern, die häufig dem Importsubstitutionssektor zuzurechnen sind, haben ihre Bezüge von heimischen Vorleistungslieferanten im allgemeinen verringert, sie weisen also sinkende backward linkages auf. Hier sind offenbar in wachsendem Maße Vorleistungen aus inländischer Produktion durch Vorleistungen aus ausländischer Produktion ersetzt worden. Diese Bereiche haben häufig auch sinkende forward linkages, d. h. sie spielen auch als Vorlieferanten für andere Produktionsbereiche nicht mehr die gleiche Rolle wie früher.

---

1) IfW 1980, S. 21f.
   Eine ausführliche Darstellung der Veränderung der Nachfragestruktur findet sich bei DIW 1984, S. 180ff.

- Bereiche, die vor allem technologisch hochwertige Produkte im Sortiment haben und die schwerpunktmäßig dem Exportsektor zuzurechnen sind, haben in der Mehrzahl steigende backward linkages. Diese Bereiche ziehen ihre komparativen Vorteile zum Teil daraus, daß sie das technische Potential anderer Bereiche mitnutzen (z. B. CNC-Steuerungsanlagen beim Maschinenbau). Für wechselseitige Vorleistungsverflechtungen kommt es so zu einem engen Technologieverbund" [1].

Die Hypothese, daß technologisch hochwertige Güter (Massenprodukte) innerhalb der Zwischennachfrage an Bedeutung gewinnen (verlieren), hat empirische Relevanz.

Innerhalb der einzelnen Komponenten der Endnachfrage ergeben sich erhebliche Umgewichtungen im Wachstumsprozeß in bezug auf die einzelnen Wirtschaftszweige.

"Wie die empirische Konsumforschung gezeigt hat, vollziehen sich langfristige Veränderungen in der Verbrauchsstruktur für alle Industrieländer nach ungefähr dem gleichen Muster:

- Bei steigendem Pro-Kopf-Einkommen geht der Anteil der Ausgaben für den sogenannten Existenzbedarf zurück. Dies gilt vor allem für die Ausgaben für Ernährung, für Bekleidung und für Haushaltswaren. Es ist dies Ausdruck einer zunehmenden Bedarfsdeckung in Teilbereichen des privaten Verbrauchs, dem freilich ein ungedeckter Bedarf in anderen Teilbereichen gegenübersteht.

- Einen weiterhin ungedeckten Bedarf signalisieren überproportional steigende Ausgaben für Wohnung (übrigens entgegen dem Schwabschen Gesetz), für Heizung, für Möbel und andere Ausstattungsgüter, für Verkehrszwecke und Kommunikation sowie für eine Reihe anderer Dienstleistungen, wie z. B. für Leistungen der Kreditinstitute, der Versicherungsunternehmen oder des Gesundheitswesens" [2].

---

1) IfW 1980, S. 33.
2) IfW 1980, S. 23

Empirische Überprüfungen bestätigen dieses Ergebnis für die Bundesrepublik Deutschland. So fiel der Anteil des Standardbedarfs im gesamten
privaten Verbrauch zwischen 1960 und 1978 von 49,0 auf 38,4 %, während
der Energiebedarf (Gebrauchsgüterbedarf; Dienstleistungsbedarf) von
3,7 auf 6,9 % (16,9 auf 18,7 %, 30,4 auf 36,0 %) anstieg [1].

Dieser Strukturwandel, wenn auch in verlangsamter Form, zeigt sich auch
für den Zeitraum von 1978 bis Ende 1981. "Obwohl die nur geringe Zunahme
der verfügbaren Einkommen der privaten Haushalte bei einem hohen Versor-
gungsniveau erfolgte, verlangsamte sich doch langfristig der Strukturwandel im privaten Verbrauch. Der Standardbedarf verlor in der zweiten
Hälfte der 70er Jahre nicht in gleichem Ausmaß wie zuvor an Bedeutung,
insbesondere im Nahrungsmittelbereich sind hier vielfach sogar wieder
steigende Einkommenselastizitäten zu beobachten. Die Ausgaben für lang-
lebige Gebrauchsgüter gewannen bis 1978 zwar am stärksten Anteile hinzu,
seitdem geht ihre Bedeutung aber aus den genannten Gründen zurück. Der
mengenmäßige Rückgang des Energieverbrauchs konnte die Mehrbelastung
durch steigende Preise bislang noch nicht kompensieren. Den in den letzten Jahren stärksten realen Anteilsgewinn verzeichnen die Dienstleistungen, die sich zunehmend als unabhängig von konjunkturellen Zyklen
erweisen" [2].

"Bei der Investitionsnachfrage haben sich im Laufe der 60er und 70er
Jahre Strukturverschiebungen von erheblichem Umfang ergeben. Dies gilt
sowohl für die Zusammensetzung der Bruttoanlageinvestitionen nach Güter-
arten als auch für die Aufgliederung nach Wirtschaftszweigen"[3].

---

1) RWI 1980, S. 60.
2) RWI 1983, S. 8[+].
3) Ifo 1980, S. 79.

"Normalerweise ist zu erwarten, daß die Investitionen den Renditen folgen. Jene Wirtschaftsbereiche, die eine überdurchschnittliche oder steigende Kapitalrendite erzielen, werden ihre Investitionstätigkeit auswei-
ten; umgekehrt werden Wirtschaftsbereiche, die eine unterdurchschnittliche oder sinkende Kapitalrendite erzielen, weniger investieren. ...

Inwieweit sich der Zusammenhang zwischen Kapitalrendite und Investitions-
verhalten auch für einzelne Branchen innerhalb des verarbeitenden Gewerbes zeigt, ist in einer Regressionsanalyse für vier Zeiträume untersucht
worden. Die Ergebnisse zeigen, daß sich die Sachkapitalbildung in den
einzelnen Branchen durch die Kapitalrenditen recht gut erklären läßt.
Eine überdurchschnittlich hohe Rendite ist mit einer überdurchschnittlichen Sachkapitalbildung verbunden. Branchen mit einer vergleichsweise
niedrigen Kapitalrendite schränken ihre Investitionstätigkeit ein. Selbst
wenn man annimmt, daß auch die Entwicklung der Bruttowertschöpfung die
Investitionstätigkeit beeinflußt, so bleibt der Zusammenhang zwischen
der Kapitalrendite und Sachkapitalbestand eng"[1].

In diesem Wandlungsprozeß verlagerte sich die Nachfrage nach Investitions-
gütern immer stärker zugunsten technologisch hochwertiger, energiesparen-
der Produkte. Innerhalb der Investitionsgüternachfrage konnten vor allem
die Bereiche ihren Marktanteil erhöhen, die vergleichsweise forschungs-
intensiv produzieren. Einfluß auf die Struktur der Investitionsgüternachfrage nahmen auch staatliche Regulierungsmaßnahmen, wobei der Umweltschutz hier den wichtigsten Bereich bildet[2]. Zu diesen begünstigten
Sektoren zählt vor allem die Herstellung von Büromaschinen, ADV-Geräten
und -einrichtungen, aber auch die Elektrotechnik und die Feinmechanik.

---

1) IfW 1984, S. 35ff.
2) IfW 1980, S. 57f., aber auch HWWA 1980, S. 94ff., DIW 1980, S. 82ff.
   sowie Ifo 1980, S. 79ff.

"Soweit der Staat die von ihm beanspruchten Teile des Sozialproduktes
"für eigene Zwecke" verwendet, spiegelt sich in der Aufteilung seiner
Endnachfrage auf die verschiedenen Aufgabenbereiche Art und Umfang der
von ihm wahrgenommenen Funktionen wider. Veränderungen in der Aufteilung der ihm für eigene Dispositionen zur Verfügung stehenden Finanz-
masse sind in der Regel Ausfluß von veränderten politischen Akzenten
in der Aufgabenerfüllung.

In dieser Hinsicht sind in den letzten 20 Jahren deutliche Umschichtungen vorgenommen worden. Sieht man von kleineren Verschiebungen ab, so
ist es - gemessen an den Endnachfrageanteilen - vor allem zu Umschichtungen von Finanzierungsmitteln aus den Aufgabenbereichen Verteidigung
und Verkehr zu den Aufgabenbereichen Bildung und Sozialversicherung
gekommen. Dabei ist der Anteil der Verteidigung von 19,4 v. H. im Jahre
1960 auf 12,2 v. H. im Jahre 1979 gesunken, der für Verkehr von 13,5
v. H. auf 10,3 v. H.. Zur gleichen Zeit wurden die Bildungsaufwendungen
um rund 5 v. H.-Punkte auf 21 v. H. und die Endnachfrage der Sozialversicherung von 17,3 auf 26,4 v. H. gesteigert" [1].

Diese geänderten Staatsfunktionen führten zu unterschiedlichen Wachstumsraten der Nachfrage des Staates in den einzelnen Sektoren. Gewinner im
Wachstumsprozeß sind vor allem die Organisationen ohne Erwerbscharakter
sowie die Dienstleistungen von privaten Unternehmen und freien Berufen
(Gesundheitswesen), aber auch die Energie- und Wasserversorgung (einschl.
Bergbau). Deutliche Wachstumsverluste zeigen sich dagegen im Baugewerbe [2].

Die Theorie der komparativen Kosten läßt die Hypothese zu, daß sich die
Bundesrepublik im Rahmen der internationalen Arbeitsteilung auf jene
Produkte spezialisiert, die bei der Herstellung viele jener Produktionsfaktoren benötigen, die in der Bundesrepublik relativ reichlich vorhanden sind. Hierbei handelt es sich um Human- und Sachkapital. Importiert
werden nach dieser Theorie insbesondere boden- und arbeitsintensive
Produkte.

---

1) RWI 1980, S.86f.
2) Ähnlich bei RWI 1983, S. 59ff.

Diese Aussagen bestätigen sich bei einer Überprüfung durch die reale
Struktur und Entwicklung des bundesrepublikanischen Außenhandels. "Die
deutschen Ausfuhren von Erzeugnissen des Bergbaus und des Verarbeitenden Gewerbes sind von 44,3 Mrd. DM im Jahre 1960 um etwa das siebenfache
auf 310,6 Mrd. DM im Jahre 1979 gestiegen. Mit dem Exportwachstum stieg
auch die Exportabhängigkeit der meisten Branchen. Die durchschnittliche
Exportquote erhöhte sich von 13,8 % (1960) auf 22,5 % (1977). Deutlich
stärker als in den übrigen Bereichen war die Produktion von Investi-
tionsgütern und dauerhaften Konsumgütern in allen Jahren auf den Export
ausgerichtet. Die höchsten Exportquoten wurden 1977 mit mehr als 40 %
in den Branchen Schiffbau, Büromaschinen und ADV-Geräte sowie Maschinenbau erreicht. Eine unterdurchschnittliche Exportintensität wiesen Vorprodukte aus reproduzierbaren Rohstoffen, Baustoffe und nichtdauerhafte
Konsumgüter aus; in den beiden zuletzt genannten Bereichen betrug die
Exportquote 1977 nur 10 bzw. 8 %.

Die Höhe der Exportquote der Branchen korrelierte positiv mit dem Qualifikationsniveau der Beschäftigten und der Forschungs- und Entwicklungs-
intensität. Ähnliche Ergebnisse zeigen sich, wenn man die Exportstruk-
tur nach diesen Kriterien betrachtet: Etwa 70 % der Exporte entfielen
auf Branchen mit hoher Humankapital- sowie Forschungs- und Entwicklungs-
intensität. Diese Spezialisierung entspricht den Erwartungen jener
Theorien, die Vorteile der Bundesrepublik in der internationalen Arbeitsteilung aus der Ausschöpfung qualitativer Standortfaktoren und der technischen Möglichkeiten ableiten" [1].

"Unter den Branchen, die im vergangenen Jahrzehnt ihre relative Wettbewerbsposition verbessern konnten, befinden sich - mit Ausnahme der Chem.
Industrie und der Kunststoffwarenherstellung - alle energieintensiven
Produktionsbereiche. Dieses Ergebnis spricht dafür, daß es der deutschen
Wirtschaft im Vergleich zu ihren Handelspartnern besonders gut gelungen
ist, sich an die gestiegenen Rohölpreise anzupassen. Selbst innerhalb
der Chemie zeigt sich - bei Betrachtung einzelner Gütergruppen - im allgemeinen eine Verbesserung der Wettbewerbsposition bei energieintensiven
Produkten. Die Ursache dieser auf den ersten Blick nicht erwarteten Entwicklung dürfte vor allem das traditionell vergleichsweise hohe Energie-

---

1) Ifo 1980, S. 104.

preisniveau der Bundesrepublik sein mit der daraus resultierenden hohen Energieproduktivität" [1].

Niveau- und Struktureffekte der einzelnen Nachfragekomponenten führen zur sektoralen Zusammensetzung des Bruttoproduktionswertes der Bundesrepublik Deutschland und der zeitlichen Veränderung seines Aufbaus. Bereinigt man das Wachstum des Bruttoproduktionswertes um die gesamtwirtschaftliche Inflationsrate, so ergibt sich zwischen 1960 und 1976 ein Wachstum von +81,7 %. Deutliche Gewinner im Wachstumsprozeß waren dabei die Banken und Versicherungen (+218,3 %), die Dienstleistungen von privaten Unternehmen und freien Berufen (+169,2 %) und der Staat (+182,3 %). Ebenfalls über der gesamtwirtschaftlichen Wachstumsrate, wenn auch weniger ausgeprägt, lagen Wohnungsvermietung und Organisationen ohne Erwerbscharakter mit +127,9 bzw. +107,8 %. Weitgehend identisch mit der gesamtwirtschaftlichen Wachstumsrate sind jene in den Wirtschaftszweigen Energie- und Wasserversorgung, Bergbau (+77,7 %), im Verarbeitenden Gewerbe (+74,9 %), im Baugewerbe (+74,6 %) und in Verkehr und Nachrichtenübermittlung (+80,9 %). Deutlich fällt dagegen der Handel ab (+49,4 %), noch wesentlich ausgeprägter die Land- und Forstwirtschaft (+12,2 %).

Innerhalb der wichtigsten Wirtschaftsabteilung "Verarbeitendes Gewerbe" ergibt sich dabei ein stark heterogenes Bild. Wachstumsträgern wie der Chem. Industrie und Mineralölverarbeitung, der Kunststoff-, Gummi- und Asbestverarbeitung und des Stahl-, Maschinen- und Fahrzeugbaus mit Wachstumsraten von 142,7 %, 147,6 % und 126,4 % stehen Sektoren gegenüber, die faktisch in Stagnation eingetreten sind, so vor allem das Leder-, Textil- und Bekleidungsgewerbe mit -0,9 %, aber auch die Metallerzeugung und -bearbeitung mit der sehr geringen Wachstumsrate von +21,3 % (vgl. Abbildung 2) [2].

---

1) RWI 1983, S. 31.

2) In den graphischen Darstellungen des sektoralen Strukturwandels wurde die Menge der untersuchten Wirtschaftszweige in 19 Sektoren zusammengefaßt. Diese Reduktion geschah aus Gründen der Übersichtlichkeit. Bei der Berechnung der sektoralen Erwartungswerte für die einzelnen regionalen Arbeitsmärkte wurde dagegen die detaillierte Gliederung von ca. 60 Branchen zugrundegelegt. Da Erfahrungen mit der Shift-Analyse zeigen, daß mit zunehmender sektoraler Differenzierung sich die Struktur- immer stärker den Regionalfaktoren annähern, ist zu erwarten, daß die errechneten regionalen den tatsächlichen Ergebnissen relativ nahe kommen.

Abbildung 2:

Wachstumsraten der sektoralen Bruttoproduktionswerte 1960-1978

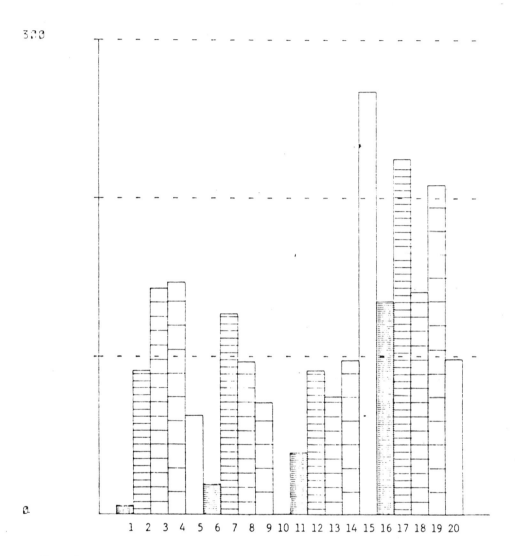

Legende:
1=Land- und Forstwirtschaft
3=Chemie und Mineraloelverarbeitung
5=Steine und Erden,Feinkeramik und Glas
7=Stahl-,Maschinen- und Fahrzeugbau
9=Holz-,Papier- und Druckgewerbe
11=Nahrungs- und Genussmittelgewerbe
13=Handel
15=Banken und Versicherungen
17=Private Dienstleistungen
19=Staat

2=Energie und Wasser,Bergbau
4=Kunststoff-,Gummi- und Asbestverarb.
6=Metallerzeugung und -bearbeitung
8=Elektrotechnik,Feinmechanik,EBM-Waren
10=Leder-,Textil- und Bekleidungsgewerbe
12=Baugewerbe
14=Verkehr und Nachrichtenuebermittlung
16=Wohnungsvermietung
18=Organisationen ohne Erwerbscharakter
20=Gesamt

Quelle:
Eigene Berechnungen nach Angaben in
Ergebnisse der volkswirtschaftlichen Gesamtrechnungen 1960-1976 nach Wirtschaftsbereichen und Guetergruppen,
Fachserie 18 des Stat. Bundesamtes,Reihe S3,Stuttgart und Mainz 1979
und Stat. Jahrbuecher der Bundesrepublik Deutschland der entsprechenden Jahrgaenge

Abbildung 3 zeigt die entsprechende Verschiebung der Endnachfragestruktur für den Zeitraum von 1978-1981. Gewinner sind wiederum vor allem die privaten und öffentlichen Dienstleistungen (mit Ausnahme des Handels), während die Endnachfrage in den Sektoren Steine und Erden, Holz-, Papier- und Druckgewerbe sowie im Leder-, Textil- und Bekleidungsgewerbe rückläufig gewesen ist.

Abbildung 3:

WACHSTUMSRATEN DER NACHFRAGE IN DEN SEKTOREN 1978-1981 (IN %)

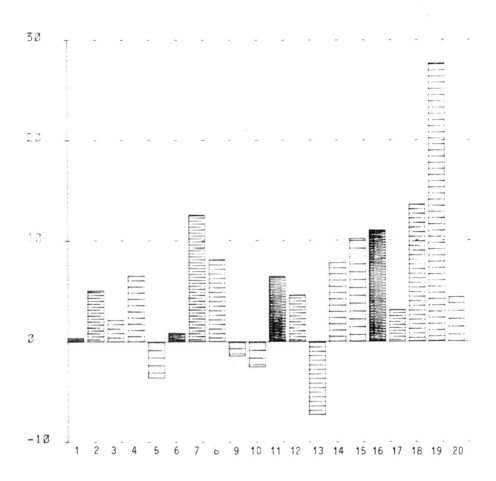

Legende:

1=Land- und Forstwirtschaft	11=Nahrungs- und Genußmittelgewerbe
2=Energie- und Wasserversorgung, Bergbau	12=Baugewerbe
3=Chem. Industrie und Mineralölverarbeitung	13=Handel
4=Kunststoff-, Gummi- u. Asbestverarbeitung	14=Verkehr und Nachrichtenübermittlung
5=Steine u. Erden, Feinkeramik u. Glas	15=Banken und Versicherungen
6=Metallerzeugung und -verarbeitung	16=Wohnungsvermietung
7=Stahl-, Maschinen- und Fahrzeugbau	17=private Dienstleistungen
8=Elektrotechnik,Feinmechanik, EBM-Waren	18=Organisationen ohne Erwerbscharakter
9=Holz-, Papier- und Druckgewerbe	19=Staat
10=Leder-, Textil- und Bekleidungsgewerbe	20=G e s a m t

Quelle: Eigene Berechnungen nach Angaben in: RWI 1983 (3. Bd.) S. 76ff.

b) Regionale Auswirkungen von Nachfrageveränderungen (Strukturfaktor)

Multipliziert man die Wachstumsraten der Nachfrage in den einzelnen
Wirtschaftszweigen mit dem Gewicht dieser Branchen in den einzelnen
regionalen Arbeitsmärkten, so gelangt man zu sektoralen Erwartungswerten, die dann mit der Realität übereinstimmen würden, wenn sich die
Wirtschaftszweige in allen Regionen im gleichen Verhältnis entwickelt
hätten.

Für den Zeitraum von 1960 bis 1981 ergibt sich hierbei das erwartete
Bild. Spitzenreiter bei der Nachfrageentwicklung sind die großen Dienstleistungszentren der Bundesrepublik Deutschland; am Ende befinden sich
dagegen die alten Industriegebiete sowie die ländlich geprägten regionalen Arbeitsmärkte.

Unterteilt man dieses gesamte Zeitintervall in zwei Abschnitte, so zeigen sich für die 70er analoge Entwicklungen wie für die 60er Jahre. Die
Wirtschaftszweige, die seit 1970 vor allem von Wachstumsnachfrage profitiert haben, konzentrieren sich in den Großräumen Bonn/Köln, Frankfurt,
Stuttgart und München, während die alt-industriell und ländlich geprägten Arbeitsmarktregionen in Nordrhein-Westfalen, Rheinland-Pfalz und
Saarland die letzten Rangpositionen einnehmen (Vgl. Abbildung 4) [1].

Über die regionalen Arbeitsmärkte der Bundesrepublik wurde bei allen
Kriterien im Anschluß an die reine Darstellung eine Varianzanalyse durchgeführt. Hierzu wurden die 164 regionalen Beobachtungseinheiten nach
zwei Kriterien unterteilt:

- Das erste Einteilungskriterium bezieht sich auf die Unterteilung in
  Dienstleistungszentren, alte Industriegebiete, ländliche Regionen
  mit Verdichtungsansätzen und periphere ländliche Räume.

---

1) Die genauen Ausprägungen für die einzelnen regionalen Arbeitsmärkte
   ergeben sich aus der Tabelle 1* im Anhang.
   Dieser Anhang ist auf Anfrage als fotomechanische Vervielfältigung
   beim Sekretariat der ARL erhältlich.

Abbildung 4:

WACHSTUMSRATE DER NACHFRAGE 1970-1981 (IN %)

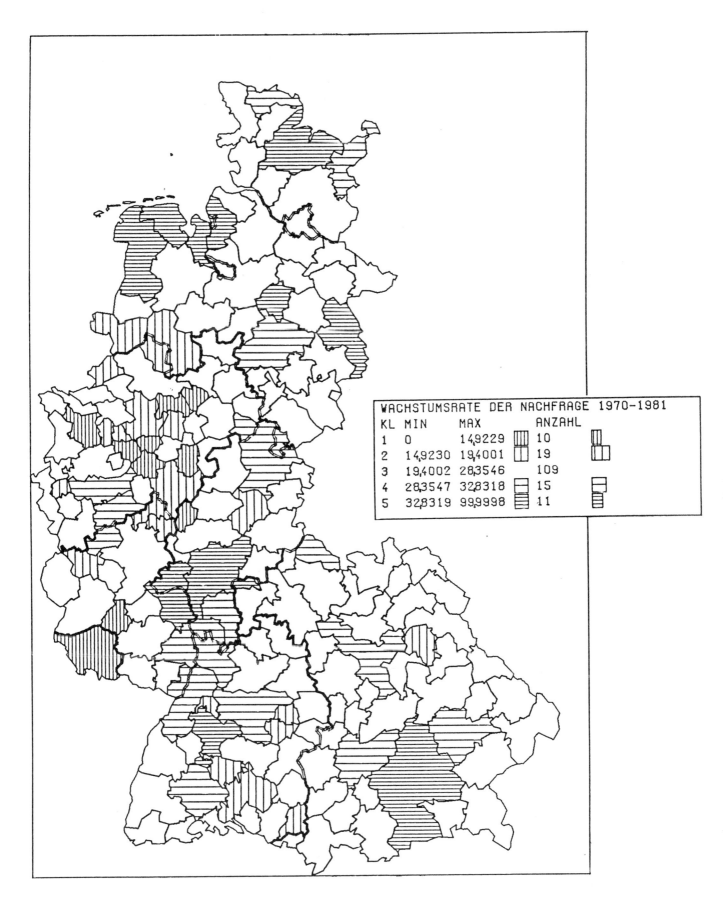

Quelle: Eigene Berechnungen

- Um die unterschiedliche Sektoralstruktur im Rahmen des häufig behaupteten Nord-Süd-Gefälles nachvollziehen zu können, wurde die Bundesrepublik in fünf große Räume unterteilt. Der erste besteht aus der Zusammenfassung der Bundesländer Schleswig-Holstein, Hamburg, Bremen und Niedersachsen, der zweite aus Nordrhein-Westfalen, der dritte aus Hessen, Rheinland-Pfalz und Saarland, der vierte aus Baden-Württemberg und der fünfte aus Bayern.

Tabelle 1 gibt die Ergebnisse für die Veränderung der Nachfrage im Zeitraum von 1970-1981 wieder. Als Durchschnittswert über alle 164 regionalen Arbeitsmärkte stellt sich ein Nachfragewachstum von 23,88 % ein. Dieser Durchschnittswert wird vor allem von großen Dienstleistungszentren übertroffen (+29,4 %), während alte Industrieregionen mit +21 % wesentlich darunter liegen.

Eine überraschend gute Sektoralstruktur zeigt sich bei der Nachfrageveränderung für den norddeutschen Raum; er führt mit +28,2 % vor Bayern und Baden-Württemberg, während Nordrhein-Westfalen mit +20 % den letzten Rangplatz einnimmt.

Das Ergebnis der Varianzanalyse zeigt, daß sich die sektoralen Erwartungswerte bei der Nachfrageveränderung bei den hier betrachteten Raumkategorien signifikant voneinander unterscheiden. Dies gilt sowohl in bezug auf die Raumcharakterisierung als auch in bezug auf die räumliche Lage.

Tabelle 1:

```
0* * * * * * * * * * * * * *   C E L L   M E A N S   * * * * * * * * *
                   X3          VERAEND. NACHFRAGE 1970-1981
             HY INDSTR         INDUSTRIESTRUKTUR
             LAGE              RAEUMLICHE LAGE
    * * * * * * * * * * * * * * * * * * * * * * * * * * * * * * * * * * *
-TOTAL POPULATION
0    23.88
   (   164)


OINDSTR
         1          2          3          4
0     20.40      21.00      25.04      23.01
    (    12)  (    23)  (    55)  (    74)


OLAGE
         1          2          3          4          5
0     28.21      20.03      22.85      23.82      24.55
    (    34)  (    38)  (    26)  (    26)  (    40)


0           LAGE
                   1          2          3          4          5
     INDSTR
         1      27.88      27.47      33.64      28.56      31.69
             (    3)  (     4)  (     2)  (     1)  (     2)

         2      32.39      17.31      14.14      29.53      26.52
             (    3)  (    15)  (     1)  (     2)  (     2)

         3      29.33      21.52      23.92      23.85      25.59
             (   13)  (    11)  (    10)  (    10)  (    11)

         4      26.47      19.38      21.03      22.55      23.37
             (   15)  (     8)  (    13)  (    13)  (    25)
```

SOURCE OF VARIATION	SUM OF SQUARES	DF	MEAN SQUARE	F	SIGNIF OF F
MAIN EFFECTS	1867.448	7	266.778	10.992	0.0
INDSTR	621.321	3	207.107	8.533	0.0
LAGE	1181.560	4	295.390	12.170	0.0
2-WAY INTERACTIONS	481.929	12	40.161	1.655	0.08
INDSTR LAGE	481.929	12	40.161	1.655	0.08
EXPLAINED	2349.377	19	123.651	5.095	0.0
RESIDUAL	3495.032	144	24.271		
TOTAL	5844.410	163	35.855		

164 CASES WERE PROCESSED.

Geographisches Institut
der Universität Kiel

1.2. Änderungen im Angebot von Produkten

    a) Entwicklung des Outputs (Bruttowertschöpfung)

       (1) Wandlungen in der intersektoralen Preisstruktur
           und in der realen Bruttowertschöpfung der Wirt-
           schaftszweige

In dem Zeitraum von 1961 bis 1978 ist das Bruttoinlandsprodukt (infla-
tionsbereinigt) in der Bundesrepublik Deutschland durchschnittlich
um 3,8 % jährlich angewachsen. Dabei ergaben sich erhebliche Umgewichtungen zwischen den einzelnen Wirtschaftszweigen, die - wie bereits
ausgeführt [1] - auf Verschiebungen der intersektoralen terms of trade
und (oder) auf divergierende reale Wachstumsraten zurückgeführt werden
können.

Zunächst zur Änderung in der intersektoralen Preisstruktur. Sektoral
unterschiedliche Preissteigerungsraten basieren vor allem auf Änderungen in den Kostenstrukturen (Produktionstechniken) der einzelnen Wirtschaftszweige, aber auch auf Differenzen der Markt- und Wettbewerbs-
verhältnisse. "Unterschiede in der Kostenentwicklung lassen sich wieder-
rum auf drei Faktoren zurückführen, nämlich auf

- Unterschiede in dem zur Herstellung der Produkte oder Dienste benötigten Bündel von Inputfaktoren zwischen den einzelnen produzierenden
  Sektoren,

- Unterschiede im Potential der produzierenden Sektoren, durch Einfüh-
  rung neuer Produktionstechniken Faktorersparnisse zu erzielen, und

- Unterschiede in der Möglichkeit der Sektoren, sich relativ verteuern-
  de Inputfaktoren in der Produktion durch andere Inputfaktoren zu sub-
  stituieren.

_____

1) Vgl. S. 23f.

Veränderungen in den relativen Preisen reflektieren bei funktionieren-
dem Wettbewerb Primärgegebenheiten in der Produktionstechnik. Wenn im
produzierenden Sektor technisch keine Möglichkeit besteht, auf alterna-
tive Faktorkombinationen umzusteigen (limitationale Produktionsfunktio-
nen) und von den Markt- und/oder Produktionsgegebenheiten her keine
Möglichkeit zur Ausnutzung von Vorteilen der Massenproduktion (economis
of scale) existieren, so wird die Kostenentwicklung dieses Sektors
allein von der Preisentwicklung bei den benötigten Inputfaktoren bestimmt" [1].

Unterschiedliche Preisentwicklungen spiegeln aber auch die divergieren-
den Marktbedingungen der einzelnen Branchen wider [2]. Beispielhaft seien
Einflußfaktoren wie die Einkommenselastizität, die Stellung des Produk-
tes im Lebenszyklus, die Preisreagibilität der Nachfrage sowie der Kon-
zentrationsprozeß auf der Angebotsseite angeführt.

"Die starke Expansion der nominalen Bruttowertschöpfung der Dienstlei-
stungsunternehmen und noch deutlicher die des Staates ist mehr das Ergebnis gestiegener relativer Preise als die Folge erhöhter realer Produktion. Bei den privaten Haushalten und privaten Organisationen ohne
Erwerbscharakter waren die Preissteigerungen sogar größer als der - be-
trächtliche - Mengenrückgang. Im verarbeitenden Gewerbe und im Verkehrs-
bereich dagegen war die Preissteigerung unterdurchschnittlich und die
Mengenzunahme nur leicht überdurchschnittlich, so daß der Anteil an der
Bruttowertschöpfung sank. Im Baugewerbe schließlich führte trotz des
Anstiegs der relativen Preise die erheblich unterdurchschnittliche mengenmäßige Entwicklung zu einem abnehmenden Anteil an der Bruttowertschöpfung" [3].

---

1) Ifo 1980, S. 139.
2) Vgl. RWI 1980, S. 151ff.; ähnlich RWI 1983, S. 116ff.
3) HWWA 1980, S. 24.

"Bei der Beurteilung der strukturellen Wirkungen des Inflationsprozesses geht es im übrigen weniger um die Frage, ob die Preissignale mit steigendem Inflationsniveau deutlicher oder schwächer ausfallen, als vielmehr darum, ob sich ihre Preisposition inflationstypisch verändert: Gibt es Branchen, die, unabhängig vom allgemeinen Preisniveau, ihre Preisvorstellungen durchzusetzen in der Lage sind, während anderen Wirtschaftsbereichen erst ein hinreichendes Inflationstempo eine Überwälzung ihrer Kosten erlaubt? Ein solcher Zusammenhang besteht in der Tat:

- Preisstarke Branchen, also Sektoren, die im Gesamtzeitraum 1960-1981 ihre Preise überdurchschnittlich stark erhöht haben, konnten diese Verbesserung der relativen Preisposition vor allem in Jahren mit niedrigem Inflationsniveau durchsetzen; sie wiesen besonders in diesen Jahren ein hohes Verhältnis von kurz- zu langfristiger Preisposition auf. Auf diese Weise konnten sich z. B. Stahl- und Maschinenbau, die Energiebereiche, vor allem aber die Dienstleistungsbereiche vom allgemeinen Preistrend lösen.

- Preisschwache Sektoren konnten ihre kurzfristige relative Preisposition allenfalls in Inflationsjahren verbessern. So war z. B. in der ersten Hälfte der 70er Jahre (bis auf 1972) das Verhältnis von kurz- zu langfristiger Preisposition in der Eisen- und Stahlindustrie, in der Chemie, der Papiererzeugung, aber auch in der Elektrizitätsversorgung relativ hoch.

Auf diese Weise konnte eine langanhaltende Inflation preisschwache Branchen begünstigen. Angesichts der Tatsache, daß die bisherige Preisentwicklung eher von zyklischen Schwankungen des Preisniveaus als von einem akzelerierenden Inflationsprozeß gekennzeichnet war - eine Ausnahme machen bekanntlich die frühen 70er Jahre - verwundert allerdings nicht, daß sich das sektorale Preisgefüge, die relative Position der einzelnen Branchen, bisher nur wenig geändert hat"[1].

---

1) Vgl. RWI 1983, S. 115f.

Abbildung 5 zeigt die sektoralen Preisentwicklungen in den einzelnen
Sektoren, wobei der gesamtwirtschaftliche Preisanstieg gleich 100 gesetzt
wurde. Zwischen 1960 und 1978 konnten die Organisationen ohne Erwerbscharakter ihre Preise um 84,3 % stärker erhöhen als die Wirtschaftszweige
in ihrem Durchschnitt. Auf den nächsten Rangpositionen folgen der Staat
mit + 53,0 %, die Dienstleistungen von Unternehmen und freien Berufen
mit + 51,4 %, die Wohnungsvermietung mit + 33,6 % und das Baugewerbe
mit + 11,3 %. Nur ein Sektor des verarbeitenden Gewerbes liegt geringfügig über dem gesamtwirtschaftlichen Durchschnitt; hierbei handelt es
sich um den Stahl-, Maschinen- und Fahrzeugbau mit + 1,5 %.

Relativ stark haben sich dagegen die Produkte der Land- und Forstwirtschaft verbilligt. Ihre Preise stiegen um 30 % weniger als in der gesamten Volkswirtschaft. Erheblich unterdurchschnittliche Preissteigerungsraten kennen darüber hinaus die Energie- und Wasserversorgung, die Chem.
Industrie, die Kunststoffverarbeitung, die Gewinnung und Verarbeitung
von Steinen und Erden, die Metallerzeugung und -bearbeitung, der Handel
sowie Verkehr und Nachrichtenübermittlung.

Diese Tendenz setzt sich für den Zeitraum von 1978-1981 fort (vgl.
Abbildung 6). Eine besonders ausgeprägte negative Veränderung ihrer
sektoralen Preisrelation mußte die Land- und Forstwirtschaft mit - 10,39 %
hinnehmen, gefolgt von Verkehr und Nachrichtenübermittlung mit - 9,73 %
und dem Nahrungs- und Genußmittelgewerbe mit - 8,89 %. Dagegen konnte vor
allem das Baugewerbe mit + 10,43 % seine Preisposition erheblich verbessern.

Dividiert man die Wachstumsraten der nominalen Bruttowertschöpfung durch
die sektoralen Preissteigerungsraten, gelangt man zu realen, d. h. mengenmäßigen Steigerungen des Outputs.

Eine besonders hohe Steigerung ergibt sich bei den Banken und Versicherungen, überdurchschnittliche Wachstumsraten daneben noch bei den meisten
Sektoren des verarbeitenden Gewerbes, in den Dienstleistungen von privaten und freien Berufen sowie beim Staat. Erhebliche Wachstumsrückstände
zeigen sich dagegen bei der Land- und Forstwirtschaft, beim Textil- und
Bekleidungsgewerbe, beim Baugewerbe sowie den Organisationen ohne Erwerbscharakter (vgl. Abbildungen 7 und 8).

Abbildung 5:

Entwicklung der sektoralen Preisrelation (in %) zwischen 1960 und 1978

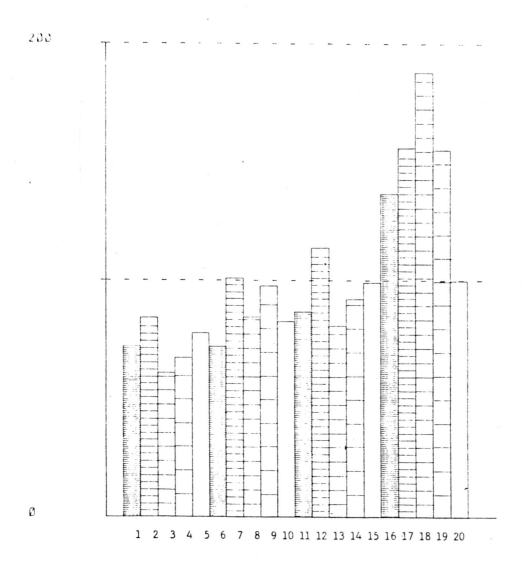

Legende:
 1=Land- und Forstwirtschaft   2=Energie und Wasser,Bergbau
 3=Chemie und Mineraloelverarbeitung   4=Kunststoff-,Gummi- und Asbestverarb.
 5=Steine und Erden,Feinkeramik und Glas   6=Metallerzeugung und -bearbeitung
 7=Stahl-,Maschinen- und Fahrzeugbau   8=Elektrotechnik,Feinmechanik,EBM-Waren
 9=Holz-,Papier- und Druckgewerbe   10=Leder-,Textil- und Bekleidungsgewerbe
11=Nahrungs- und Genussmittelgewerbe   12=Baugewerbe
13=Handel   14=Verkehr und Nachrichtenuebermittlung
15=Banken und Versicherungen   16=Wohnungsvermietung
17=Private Dienstleistungen   18=Organisationen ohne Erwerbscharakter
19=Staat   20=Gesamt

Quelle:
Eigene Berechnungen nach Angaben in
Ergebnisse der volkswirtschaftlichen Gesamtrechnungen 1960-1976 nach Wirtschaftsbereichen und Guetergruppen,
Fachserie 18 des Stat. Bundesamtes,Reihe S3,Stuttgart und Mainz 1979
und Stat. Jahrbuecher der Bundesrepublik Deutschland der entsprechenden Jahrgaenge

Abbildung 6:

VERÄNDERUNG DER SEKT. PREISRELATION (IN %) ZWISCHEN 1978 U. 1981

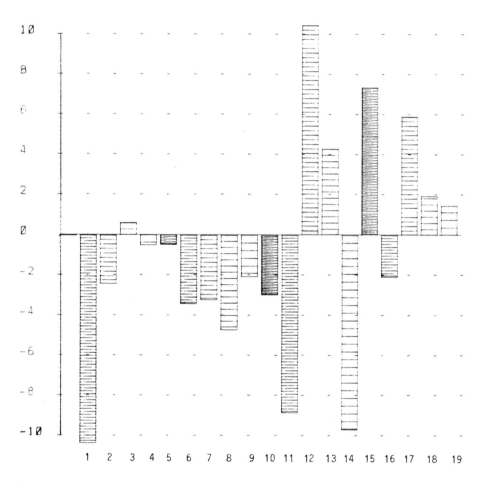

Legende:

1=Land- und Forstwirtschaft
2=Energie- und Wasserversorgung,Bergbau
3=Chem. Industrie und Mineralölverarbeitung
4=Kunststoff-, Gummi- u. Asbestverarbeitung
5=Steine u. Erden, Feinkeramik u. Glas
6=Metallerzeugung und -verarbeitung
7=Stahl-, Maschinen- und Fahrzeugbau
8=Elektrotechnik, Feinmechanik, EBM-Waren
9=Holz-, Papier- und Druckgewerbe
10=Leder-, Textil- und Bekleidungsgewerbe

11=Nahrungs- und Genußmittelgewerbe
12=Baugewerbe
13=Handel
14=Verkehr und Nachrichtenübermittlung
15=Banken und Versicherungen
16=Wohnungsvermietung
17=private Dienstleistungen
18=Organisationen ohne Erwerbscharakter
19=Staat

Quelle:

Eigene Berechnungen nach Angaben in: Ergebnisse der volkswirtschaftlichen
Gesamtrechnung, Fachserie 18, Reihe 1, Konten- und Standardtabellen 1983
(Vorbericht), Wiesbaden 1984, S. 60ff.

Abbildung 7:

Wachstumsraten der sektoralen Bruttowertschoepfung 1960-1978

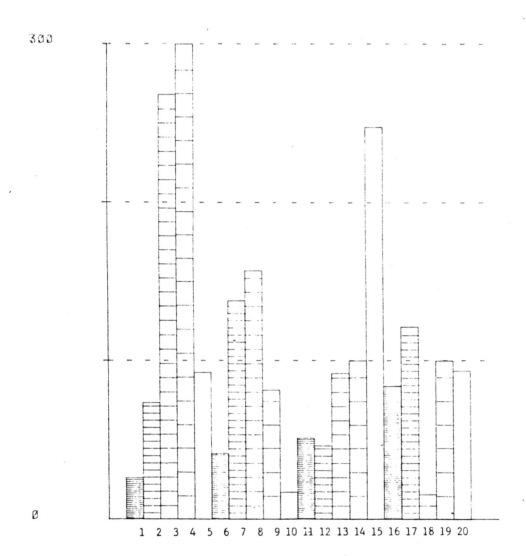

Legende:
1=Land- und Forstwirtschaft
3=Chemie und Mineraloelverarbeitung
5=Steine und Erden,Feinkeramik und Glas
7=Stahl-,Maschinen- und Fahrzeugbau
9=Holz-,Papier- und Druckgewerbe
11=Nahrungs- und Genussmittelgewerbe
13=Handel
15=Banken und Versicherungen
17=Private Dienstleistungen
19=Staat

2=Energie und Wasser,Bergbau
4=Kunststoff-,Gummi- und Asbestverarb.
6=Metallerzeugung und -bearbeitung
8=Elektrotechnik,Feinmechanik,EBM-Waren
10=Leder-,Textil- und Bekleidungsgewerbe
12=Baugewerbe
14=Verkehr und Nachrichtenuebermittlung
16=Wohnungsvermietung
18=Organisationen ohne Erwerbscharakter
20=Gesamt

Quelle:
Eigene Berechnungen nach Angaben in
Ergebnisse der volkswirtschaftlichen Gesamtrechnungen 1960-1976 nach Wirtschaftsbereichen und Guetergruppen,
Fachserie 18 des Stat. Bundesamtes,Reihe S3,Stuttgart und Mainz 1979
und Stat. Jahrbuecher der Bundesrepublik Deutschland der entsprechenden Jahrgaenge

Abbildung 8:

WACHSTUMSRATEN DER SEKTORALEN BRUTTOWERTSCHÖPFUNG 1978-1981

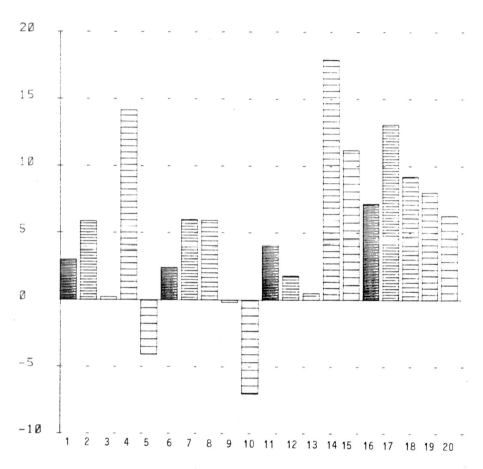

Legende:

1=Land- und Forstwirtschaft
2=Energie- und Wasserversorgung, Bergbau
3=Chem. Industrie und Mineralölverarbeitung
4=Kunststoff-, Gummi- u. Asbestverarbeitung
5=Steine u. Erden, Feinkeramik und Glas
6=Metallerzeugung und -verarbeitung
7=Stahl-, Maschinen und Fahrzeugbau
8=Elektrotechnik, Feinmechanik, EBM-Waren
9=Holz-, Papier- und Druckgewerbe
10=Leder-, Textil- und Bekleidungsgewerbe

11=Nahrungs- und Genußmittelgewerbe
12=Baugewerbe
13=Handel
14=Verkehr und Nachrichtenübermittlung
15=Banken und Versicherungen
16=Wohnungsvermietung
17=private Dienstleistungen
18=Organisationen ohne Erwerbscharakter
19=Staat
20=G e s a m t

Quelle:

Eigene Berechnungen nach Angaben in: Ergebnisse der volkswirtschaftlichen
Gesamtrechnung, Fachserie 18, Reihe 1, Konten- und Standardtabellen 1983
(Vorbericht), Wiesbaden 1984, S. 60ff.

(2) Regionale Auswirkungen sektoral divergierender Wachstumsraten der
    Bruttowertschöpfung (Strukturfaktoren)

Verschlechterungen der interregionalen terms of trade lassen sich für
den Zeitraum von 1960 bis 1978 vor allem für die Arbeitsmärkte des
ländlichen Raumes vermuten. In den 60er Jahren treten alte Industrieregionen mit einem hohen Anteil an Energieerzeugung hinzu, die jedoch
seit der Energiekrise 1973/74 eher auf der Gewinnerseite stehen.

Abbildung 9 zeigt die sektoralen Erwartungswerte für den Zeitraum von
1970 bis 1981. Führend in diesem Zeitraum sind die regionalen Arbeitsmärkte des Ruhrgebietes (Recklinghausen, Essen, Dortmund), während
die Funktionalräume des ländlichen Raumes am Ende der gereihten Skala
plaziert sind [1].

Aufgrund der Sektoralstruktur ist zu vermuten, daß sich hohe reale
Bruttowertschöpfungen vor allem in den Dienstleistungszentren der Bundesrepublik Deutschland vollzogen haben. Wie Abbildung 10 zeigt, sind
hier in erster Linie die Großräume Hamburg, Hannover, Köln/Bonn, Frankfurt, Mannheim/Ludwigshafen, Stuttgart, Nürnberg und München anzufüh-
ren. Ungünstige Sektoralstrukturen ergeben sich dagegen vor allem in
Oberfranken und dem westlichen Münsterland (hohes Gewicht von Land-
und Forstwirtschaft sowie Leder-, Textil- und Bekleidungsgewerbe) sowie im Ruhrgebiet (Bergbau und Metall) [2].

Die Ergebnisse der Varianzanalyse zur Entwicklung der interregionalen
terms of trade waren nicht signifikant, so daß auf ihre Darstellung
verzichtet werden soll. Tabelle 2 zeigt die entsprechenden Ergebnisse
für die Veränderung der realen Bruttowertschöpfung im Zeitraum von
1970-1981. Die Ergebnisse ergeben - evidenterweise - eine enge Analogie
zu jenen bei der Entwicklung der Nachfrage.

---

1) Vgl. Tabelle 2* im Anhang.
2) Siehe auch Tabelle 3* im Anhang.

Abbildung 9:

ÄNDERUNG DER PREISRELATION (INTERREGIONALE TERMS OF TRADE) 1970 - 1981 (BRD = 100)

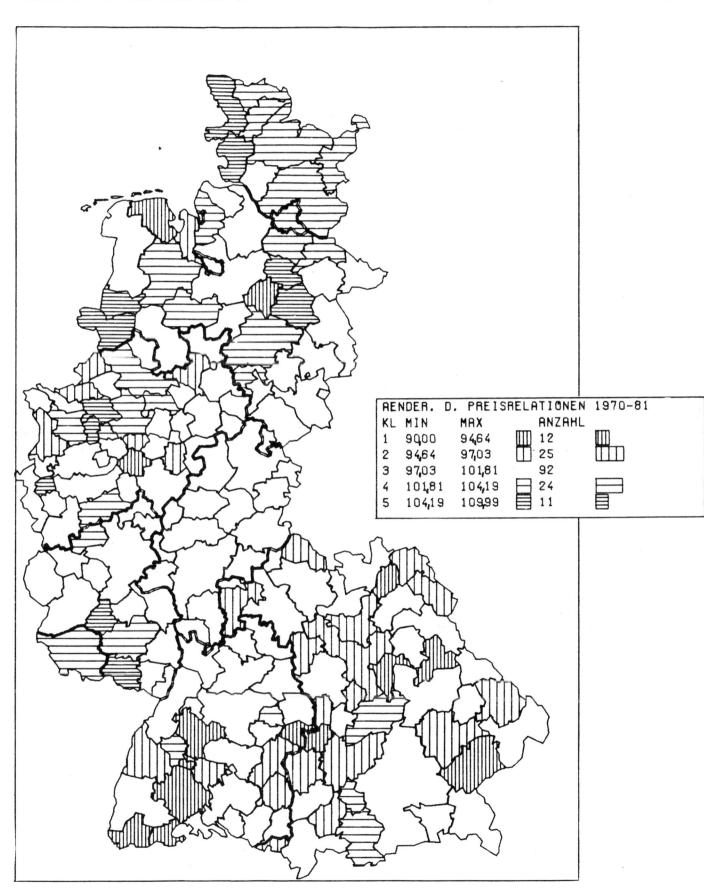

Quelle: Eigene Berechnungen

Abbildung 10:

WACHSTUMSRATE DER REALEN BRUTTOWERTSCHÖPFUNG 1970 - 1981 (IN %)

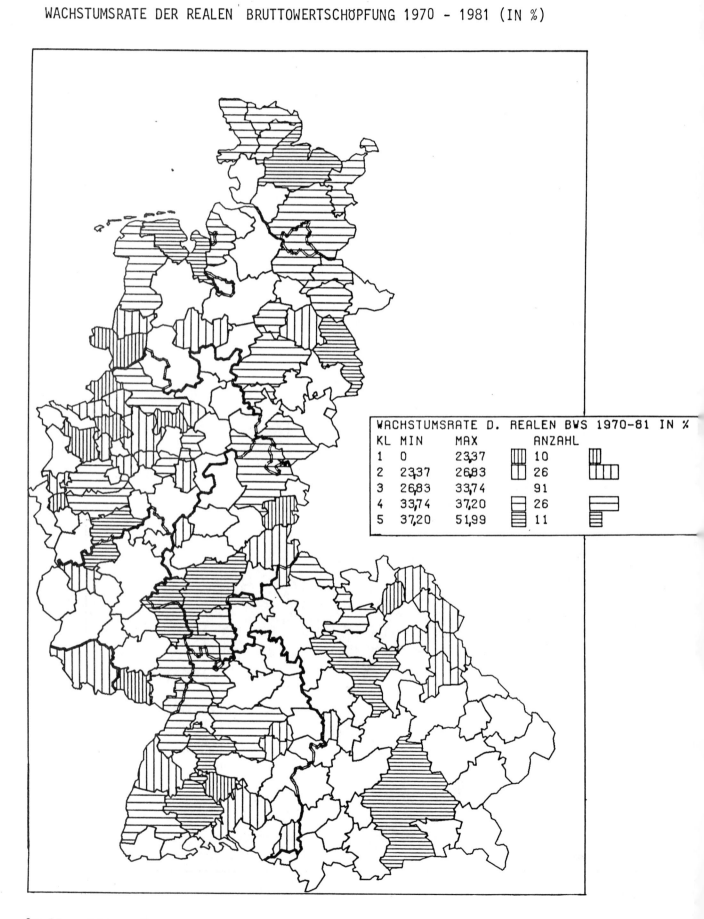

Quelle: Eigene Berechnungen

Tabelle 2:

```
* * * * * * * * * * * *   C E L L   M E A N S   * * * * * * *
              X9        VERAEND. BRUTTOWERTSCHOEPFUNG 70-81
          BY INDSTR     INDUSTRIESTRUKTUR
          LAGE          RAEUMLICHE LAGE
* * * * * * * * * * * * * * * * * * * * * * * * * * * * * * * *
-TOTAL POPULATION
0     30.29
    ( 164)

0 INDSTR
           1          2          3          4
0     36.41      28.78      31.41      28.94
    (   12)  (    23)  (    55)  (    74)

0 LAGE
           1          2          3          4          5
0     32.86      28.83      29.82      30.38      29.74
    (   34)  (    38)  (    26)  (    26)  (    40)

0          LAGE
               1          2          3          4          5
   INDSTR
        1     34.55      35.44      39.65      35.56      38.33
            (    3)  (     4)  (     2)  (     1)  (     2)

        2     36.24      26.61      26.64      34.50      29.22
            (    3)  (    15)  (     1)  (     2)  (     2)

        3     34.15      30.41      30.62      30.63      30.57
            (   13)  (    11)  (    10)  (    10)  (    11)

        4     30.72      27.53      27.93      29.16      28.73
            (   15)  (     8)  (    13)  (    13)  (    25)
```

SOURCE OF VARIATION	SUM OF SQUARES	DF	MEAN SQUARE	F	SIGNIF OF F
MAIN EFFECTS	1012.909	7	144.714	9.388	0.0
INDSTR	689.675	3	229.892	14.914	0.0
LAGE	307.829	4	76.957	4.993	0.001
2-WAY INTERACTIONS	251.193	12	20.933	1.358	0.193
INDSTR LAGE	251.193	12	20.933	1.358	0.193
EXPLAINED	1264.192	19	66.536	4.317	0.0
RESIDUAL	2219.655	144	15.414		
TOTAL	3483.847	163	21.373		

164 CASES WERE PROCESSED.

b) Entwicklung des Inputs (Produktionsfaktoren)

  (1) Arbeitskräfte

    (1.1) Entwicklung der Menge und Qualität der in den einzelnen
        Sektoren eingesetzten Arbeitskräfte

"Die Entwicklung des Arbeitsmarktes seit 1950 ist durch deutlich unterschiedliche Entwicklungsphasen und einen massiven Strukturwandel der
Beschäftigung zugunsten des tertiären Sektors gekennzeichnet.

In den 50er Jahren kam es im Zuge des Wiederaufbaus zu einer rasanten
Ausweitung der Erwerbstätigkeit. Die Zahl der Beschäftigten erhöhte
sich bis 1960 um 4,9 Mill. auf 26,1 Mill.. Durch die Schaffung neuer
Arbeitsplätze in diesem Umfang konnte die Zahl der arbeitslosen Erwerbs-
personen vollständig abgebaut werden.

Von Beginn der 60er Jahre bis 1973 herrschte tendenziell - abgesehen
vom konjunkturellen Tiefpunkt 1967 - ein Arbeitskräftemangel vor.
Allerdings wuchs trotz des Zustroms ausländischer Arbeitnehmer bis
1973 die Gesamtzahl der Erwerbstätigen im Inland bis Mitte der 60er
Jahre noch schwach weiter (+ 0,7 Mill.). Dieser Beschäftigungshöhepunkt
konnte nach dem Konjunktureinbruch 1966/1967 bis 1973 nur mehr knapp
erreicht werden.

Danach kam es bis 1977 zu einem Rückgang der Beschäftigten um fast
1,7 Mill. Erwerbstätige. Trotz deutlicher Entlastungseffekte am Arbeitsmarkt (reales Produktionswachstum, gesunkene Quote der ausländischen
Arbeitnehmer) steht auch heute noch der Zahl der offenen Stellen ein
Vielfaches an Arbeitslosen gegenüber" [1].

Definitionsgemäß ergibt sich die Wachstumsrate der angebotenen und besetzten Arbeitsplätze dadurch, daß man den Anstieg der realen Produktion um die Expansion der realen Arbeitsproduktivität vermindert. Determinanten der Beschäftigtenentwicklung liegen also in der Nachfrage
nach Sachgütern und Dienstleistungen sowie in der Produktionstechnik.

---

1) Ifo 1980, S. 173f.

Es ist zu erwarten, daß die Nachfrage nach Arbeit

- positiv mit der mengenmäßigen Entwicklung des Absatzes und
- negativ mit der Wachstumsrate der Arbeitsproduktivität

zusammenhängt.

Empirische Überprüfungen [1] bestätigen diese Hypothese. Hohe Steigerungen im realen Output sowie geringe Möglichkeiten, die Arbeitsproduktivität durch einen Mehreinsatz von Kapital zu erhöhen, bestehen - bisher, wenn auch hier bereits Änderungen abzusehen sind - im Dienstleistungsbereich. So kann es nicht überraschen, daß sich die Beschäftigung zwischen 1960 und 1978 sowie zwischen 1978 und 1981 in den Branchen Banken und Versicherungen, Staat sowie Dienstleistungen von privaten Unternehmen und freien Berufen positiv entwickelte. Gleiches gilt innerhalb des verarbeitenden Gewerbes für die Chem. Industrie und Mineralölverarbeitung sowie die Kunststoffverarbeitung.

Die umgekehrte Aussage trifft dagegen jene Wirtschaftszweige, die Güter und Dienstleistungen mit einer Einkommenselastizität kleiner 1 herstellen und/oder bei denen Arbeit relativ leicht durch Kapital ersetzt werden kann. In der Bundesrepublik Deutschland waren dies im betrachteten Zeitintervall vor allem die Land- und Forstwirtschaft sowie der Bergbau. Die Leder-, Textil- und Bekleidungsindustrie kam innerhalb des verarbeitenden Gewerbes auf eine ähnliche Schrumpfungsrate; etwa halb so hohe Rückgänge erfuhren die Gewinnung und Verarbeitung von Steinen und Erden, die Metallerzeugung und -bearbeitung sowie das Holz-, Papier- und Druckgewerbe (vgl. Abbildungen 11 und 12).

Zu ähnlichen Aussagen gelangt das RWI [2]:"Vor dem so skizzierten Hintergrund vollzog sich ein starker sektoraler Strukturwandel auf dem Arbeitsmarkt. In denjenigen Branchen, die in den 70er Jahren eine insgesamt positive Beschäftigungszahl realisierten, wurden zusammen etwa 2,4 Mill. zusätzlicher Arbeitsplätze geschaffen, während in den übrigen Wirt-

---

1) Vgl. Ifo 1980, S. 182ff., HWWA 1980, S. 42ff.
2) Vgl. RWI 1983, S. 158f.

Abbildung 11:

Wachstumsraten der Erwerbstaetigen in den Sektoren 1960-1978

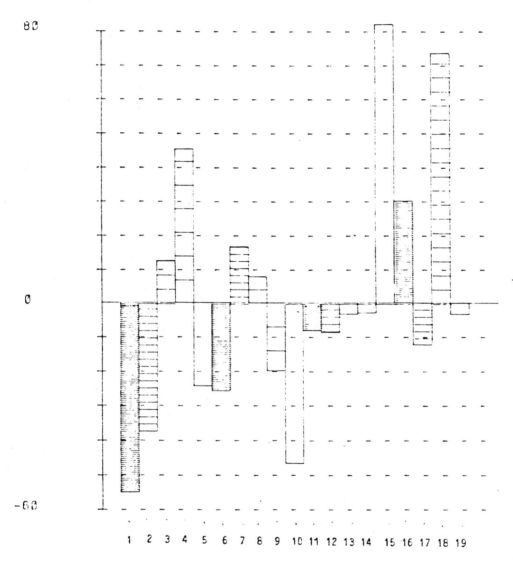

Legende:
1=Land- und Forstwirtschaft
3=Chemie und Mineraloelverarbeitung
5=Steine und Erden,Feinkeramik und Glas
7=Stahl-,Maschinen- und Fahrzeugbau
9=Holz-,Papier- und Druckgewerbe
11=Nahrungs- und Genussmittelgewerbe
13=Handel
15=Banken und Versicherungen
17=Organisationen ohne Erwerbscharakter
19=Gesamt

2=Energie und Wasser,Bergbau
4=Kunststoff-,Gummi- und Asbestverarb.
6=Metallerzeugung und -bearbeitung
8=Elektrotechnik,Feinmechanik,EBM-Waren
10=Leder-,Textil- und Bekleidungsgewerbe
12=Baugewerbe
14=Verkehr und Nachrichtenuebermittlung
16=Private Dienstleistungen
18=Staat

Quelle:
Eigene Berechnungen nach Angaben in
Ergebnisse der volkswirtschaftlichen Gesamtrechnungen 1960-1976 nach Wirtschaftsbereichen und Guetergruppen,
Fachserie 18 des Stat. Bundesamtes,Reihe S3,Stuttgart und Mainz 1979
und Stat. Jahrbuecher der Bundesrepublik Deutschland der entsprechenden Jahrgaenge

Abbildung 12:

WACHSTUMSRATEN DER ERWERBSTÄTIGEN IN DEN SEKTOREN 1978-1981 (IN %)

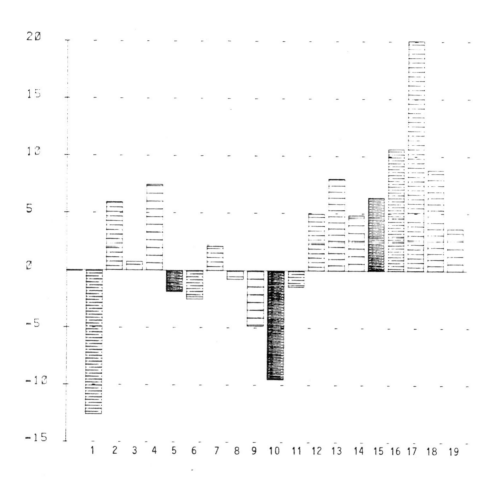

Legende:

1=Land- und Forstwirtschaft
2=Energie- und Wasserversorgung, Bergbau
3=Chem.Industrie und Mineralölverarbeitung
4=Kunststoff-, Gummi- und Asbestverarbeitung
5=Steine u. Erden, Feinkeramik u. Glas
6=Metallerzeugung und -verarbeitung
7=Stahl-, Maschinen- und Fahrzeugbau
8=Elektrotechnik, Feinmechanik, EBM-Waren
9=Holz-, Papier- und Druckgewerbe
10=Leder-, Textil- und Bekleidungsgewerbe

11=Nahrungs- und Genußmittelgewerbe
12=Baugewerbe
13=Handel
14=Verkehr und Nachrichtenübermittlung
15=Banken und Versicherungen
16=private Dienstleistungen
17=Organisationen ohne Erwerbscharakter
18=Staat
19=G e s a m t

Quelle:
Eigene Berechnungen nach RWI 1983 (Bd. 3, S. 5-51)

schaftszweigen nahezu 2,9 Mill. Beschäftigungsmöglichkeiten verloren
gingen. Die für die wirtschaftliche Entwicklung in den 70er Jahren
strukturprägenden Faktoren spiegeln sich dabei deutlich auf dem Arbeitsmarkt wider:

- Die Verlagerung zwischen Warenproduktion und der Bereitstellung von
  Dienstleistungen kommt aufgrund der signifikant unterschiedlichen
  Produktivitätssteigerungsraten in den Erwerbstätigenzahlen deutlicher
  zum Ausdruck als in den Produktionsergebnissen. Der Abbau von Arbeitsplätzen konzentriert sich nahezu vollständig (- 2,8 Mill.) auf
  das warenproduzierende Gewerbe und den Bereich der Landwirtschaft.
  Gleichzeitig stellten die Dienstleistungssektoren knapp 90 v. H.
  aller zusätzlich geschaffenen Arbeitsplätze bereit.

- Beschäftigungsmöglichkeiten wurden vor allem in staatlich admini-
  strierten Bereichen geschaffen. Allein 2/3 aller neu hinzugewonnen
  Arbeitsplätze entfielen auf diese Sektoren. Rund 35 v. H. aller
  Erwerbstätigen und knapp 40 v. H. aller abhängig Beschäftigten waren
  damit 1981 schon einer Effizienzkontrolle durch die Marktsteuerung
  entzogen. Ebenso wie bei den nichtmarktbestimmten Wirtschaftsbereichen bestand auch bei privatwirtschaftlich organisierten, personen-
  bezogenen Dienstleistungssektoren aufgrund günstiger Wettbewerbsbe-
  dingungen (hohe Preiserhöhungsspielräume) kaum die Notwendigkeit,
  übermäßige Produktivitätssteigerungen zu realisieren. In diesen Sektoren wurde ein weiteres knappes Fünftel der zusätzlichen Arbeitsplätze geschaffen.

- Eine der gravierendsten Ursachen für den Abbau der Beschäftigung war
  der internationale Wettbewerb, dem viele Branchen in der Bundesrepublik ausgesetzt sind. Gut 80 v. H. aller abgebauten Arbeitsplätze
  gingen in Wirtschaftszweigen verloren, die sich einer relativ starken
  ausländischen Konkurrenz auf ihren Absatzmärkten gegenübersahen".

Ähnlich argumentiert das IfW [1]: "Strukturwandel auf dem Arbeitsmarkt
ist keine Einbahnstraße. Damit die neuen Arbeitsplätze optimal besetzt
werden können, müssen nicht nur Arbeitsplätze aus den schrumpfenden

---

1) IfW 1984, S. 75f.

in die wachsenden Branchen überwechseln, sondern auch in die andere
Richtung von den wachsenden zu den schrumpfenden. Der wechselseitige
Austausch von Arbeitskräften ist eine wichtige Voraussetzung für die
Bewältigung des Strukturwandels.

Anhaltspunkte über das Ausmaß der wechselseitigen Fluktuation zwischen
10 großen Wirtschaftsbereichen lassen sich aus einer Unterstichprobe
des Mikrozensus gewinnen. Danach waren im Mai 1981 von den knapp
27 Mill. Erwerbstätigen etwa 21,5 Mill. (80 v. H.) ein Jahr zuvor
im gleichen Wirtschaftsbereich tätig; 3,7 Mill. (14 v. H.) hatten ein
Beschäftigungsverhältnis in einem anderen Wirtschaftszweig, 1,6 Mill.
(6 v. H.) waren nicht erwerbstätig. Obwohl diese Zahlen kein repräsen-
tatives Abbild der zwischenbetrieblichen Wanderungen darstellen, lassen
sich aus ihnen doch einige wichtige Schlüsse ziehen:

- Alle Wirtschaftsbereiche, die Land- und Forstwirtschaft ausgenommen,
  decken einen großen Teil ihres Arbeitskräftebedarfs durch Zuwan-
  derungen aus anderen Wirtschaftsbereichen. So spielt im Baugewerbe
  der intersektorale Austausch von Arbeitskräften eine weit größere
  Rolle als bei den sonstigen Dienstleistungen; diese greifen in stär-
  kerem Maße auf Arbeitskräfte zurück, die zuvor nicht erwerbstätig
  waren (Berufsanfänger, Hausfrauen).

- Die intersektoralen Wanderungsströme verlaufen weitgehend zirkulär,
  so von den warenproduzierenden Bereichen zu den Dienstleistungsbereichen und umgekehrt. Im Mai 1981 waren im verarbeitenden Gewerbe
  650 000 Arbeitskräfte beschäftigt, die ein Jahr zuvor ihren Arbeits-
  platz in den Dienstleistungsbereichen hatten. Nahezu die gleiche
  Anzahl (620 000) hat das verarbeitende Gewerbe an die Dienstleistungsbereiche abgegeben. Auffällig ist die hohe wechselseitige Fluktuation
  zwischen dem verarbeitenden Gewerbe und dem Handel.

- Die Abwanderung von Arbeitskräften aus der Landwirtschaft spielt kaum
  noch eine Rolle. Per Saldo verliert dieser Bereich nur noch die Arbeitskräfte, die in den Ruhestand treten.

Das hohe Maß an wechselseitiger Fluktuation darf freilich nicht darüber hinwegtäuschen, daß in den letzten Jahren zusätzliche Arbeitsplätze fast nur noch in den Dienstleistungsbereichen geschaffen worden sind; bei der Nachrichtenübermittlung, dem übrigen Verkehr, den Kreditinstituten, den sonstigen Dienstleistungen und vor allem beim Staat und bei den privaten Organisationen ohne Erwerbscharakter. Beim warenproduzierenden Gewerbe hat dagegen der Abbau von Arbeitsplätzen angehalten. Hier gibt es nur noch ganz wenige Branchen, die ihren Personalbestand aufgestockt haben, wie der Straßenfahrzeugbau, die Feinmechanik und Optik oder das Ausbaugewerbe. Der Trend zu tertiären Tätigkeiten, der bereits das Entwicklungsmuster in den frühen 70er Jahren geprägt hatte, ist ungebrochen, auch wenn er sich etwas abgeflacht hat".

Nicht nur in bezug auf die Entwicklung der Arbeitsplätze, sondern auch in bezug auf das Qualifikationsniveau der Arbeitskräfte ergeben sich erhebliche Divergenzen zwischen den Wirtschaftszweigen. Während 1978 67,8 % aller Erwerbstätigen in der Land- und Forstwirtschaft keine praktische Berufsausbildung hatten, waren es bei den Versicherungsunternehmen nur 17,9 %. Bei den Dienstleistungen von privaten Unternehmen hatten zum gleichen Zeitpunkt 25,2 % aller Beschäftigten einen Hochschulabschluß (in dem zu diesem Sektor gehörenden Wirtschaftszweig Wissenschaft, Bildung, Kunst und Publizistik sogar 46,0 %); in der Land- und Forstwirtschaft waren es nur 0,3 % (vgl. Abbildung 13) [1].

Die Qualität der Arbeitsplätze kann nicht nur über divergierende Schulabschlüsse, sondern auch über unterschiedliche Lohn- und Einkommensniveaus gemessen werden. Intersektorale Unterschiede je abhängig Beschäftigten erklären sich vor allem über

- das berufliche Ausbildungsniveau der Arbeitskräfte

---

[1] Gleiche Zahlen waren für das Jahr 1981 nicht zu bekommen, so daß hier eine Beschränkung auf das Jahr 1978 erfolgen mußte.

Abbildung 13:

Erwerbstaetige ohne Berufsausbildung (in %) in den Sektoren 1978

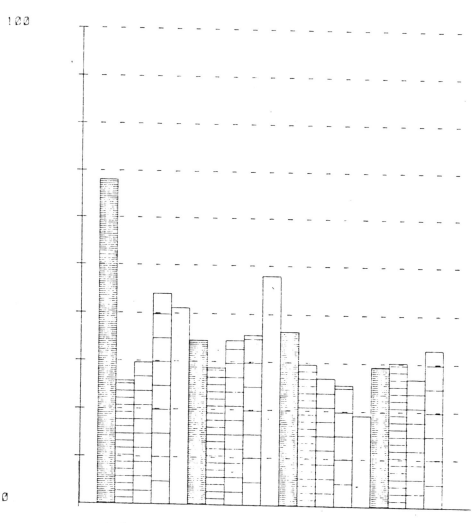

Legende:
1=Land- und Forstwirtschaft
3=Chemie und Mineraloelverarbeitung
5=Steine und Erden,Feinkeramik und Glas
7=Stahl-,Maschinen- und Fahrzeugbau
9=Holz-,Papier- und Druckgewerbe
11=Nahrungs- und Genussmittelgewerbe
13=Handel
15=Banken und Versicherungen
17=Organisationen ohne Erwerbscharakter
19=Gesamt

2=Energie und Wasser,Bergbau
4=Kunststoff-,Gummi- und Asbestverarb.
6=Metallerzeugung und -bearbeitung
8=Elektrotechnik,Feinmechanik,EBM-Waren
10=Leder-,Textil- und Bekleidungsgewerbe
12=Baugewerbe
14=Verkehr und Nachrichtenuebermittlung
16=Private Dienstleistungen
18=Staat

Quelle:
Eigene Berechnungen nach Angaben in
Ergebnisse der volkswirtschaftlichen Gesamtrechnungen 1960-1976 nach Wirtschaftsbereichen und Guetergruppen,
Fachserie 18 des Stat. Bundesamtes,Reihe S3,Stuttgart und Mainz 1979
und Stat. Jahrbuecher der Bundesrepublik Deutschland der entsprechenden Jahrgaenge

- den Anteil der Auszubildenden, Arbeiter und Frauen an den Arbeitskräften

- und die Kapitalintensität [1].

Entsprechend finden sich die höchsten Einkommen in der Energiewirtschaft
und Wasserversorgung, in der Chem. Industrie, in Verkehr und Nachrichtenübermittlung, bei den Banken und Versicherungen sowie beim Staat.
Setzt man das durchschnittliche Einkommen der Arbeitnehmer gleich 100,
so nimmt der Luft- und Raumfahrzeugbau mit 134,3 den sektoralen Spit-
zenplatz ein. Am Ende der Skala rangieren dagegen das Leder-, Textil-
und Bekleidungsgewerbe mit 74,3, Dienstleistungen von privaten Unternehmen und freien Berufen mit 75,3, der Handel mit 80,6, sowie die
Organisationen ohne Erwerbscharakter mit 81,3 (vgl. Abbildung 14).

(1.2) Regionale Auswirkungen von Arbeitskräfteeinsatz und -veränderung
      (Strukturfaktoren)

Wären keine Standortbesonderheiten eingetreten, hätten sich zwischen
1970 und 1978 die geringsten Arbeitsplatzverluste im regionalen Arbeitsmarkt Bonn mit - 2,4 % ergeben. Am Ende hätte sich Balingen mit
- 14,1 % befunden. Extreme Positionen für den Zeitraum von 1978 bis
1981 nehmen Hamburg (+ 6,5 %) und Düren (- 3,3 %) ein [2].

Wie Abbildung 15 zeigt, befinden sich die regionalen Arbeitsmärkte
mit der günstigsten Sektoralstruktur in den Verdichtungsräumen der
Bundesrepublik Deutschland, während die ländlichen Arbeitsmarktregionen (Westliches Münsterland, Emsland, das östliche Bayern) die Schlußlichter bilden.

---

1) Vgl. HWWA 1980, S. 182ff., DIW 1980, S. 91ff., RWI 1980, S. 130ff.
   und IfW 1984, S. 107ff.

2) Die genaue Ausprägung für alle regionalen Arbeitsmärkte ergibt sich
   aus der Tabelle 4* im Anhang.

Abbildung 14:

EINKOMMEN AUS UNSELBSTÄNDIGER ARBEIT 1981 IN DEN SEKTOREN (BRD=100)

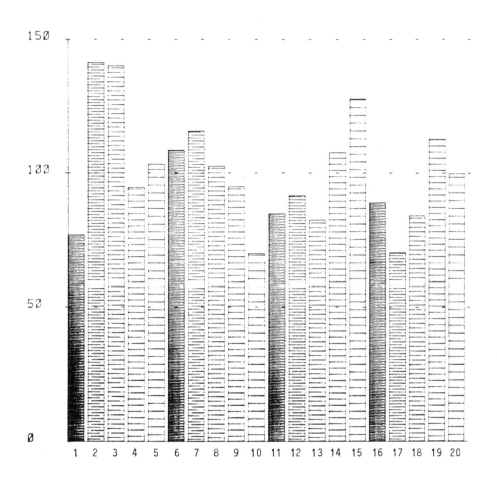

Legende:

1=Land- und Forstwirtschaft
2=Energie- und Wasserversorgung, Bergbau
3=Chem. Industrie und Mineralölverarbeitung
4=Kunststoff-, Gummi- u. Asbestverarbeitung
5=Steine u. Erden, Feinkeramik und Glas
6=Metallerzeugung und -verarbeitung
7=Stahl-, Maschinen- und Fahrzeugbau
8=Elektrotechnik, Feinmechanik, EBM-Waren
9=Holz-, Papier- und Druckgewerbe
10=Leder-, Textil- und Bekleidungsgewerbe

11=Nahrungs- und Genußmittelgewerbe
12=Baugewerbe
13=Handel
14=Verkehr und Nachrichtenübermittlung
15=Banken und Versicherungen
16=Wohnungsvermietung
17=private Dienstleistungen
18=Organisationen ohne Erwerbscharakter
19=Staat
20=G e s a m t

Quelle:

Eigene Berechnungen nach Angaben in: Ergebnisse der volkswirtschaftlichen
Gesamtrechnung, Fachserie 18, Reihe 1, Konten- und Standardtabellen 1983
(Vorbericht), Wiesbaden 1984, S. 60ff.

Abbildung 15:

WACHSTUMSRATE DER ERWERBSTÄTIGEN 1970-1981 (IN %)

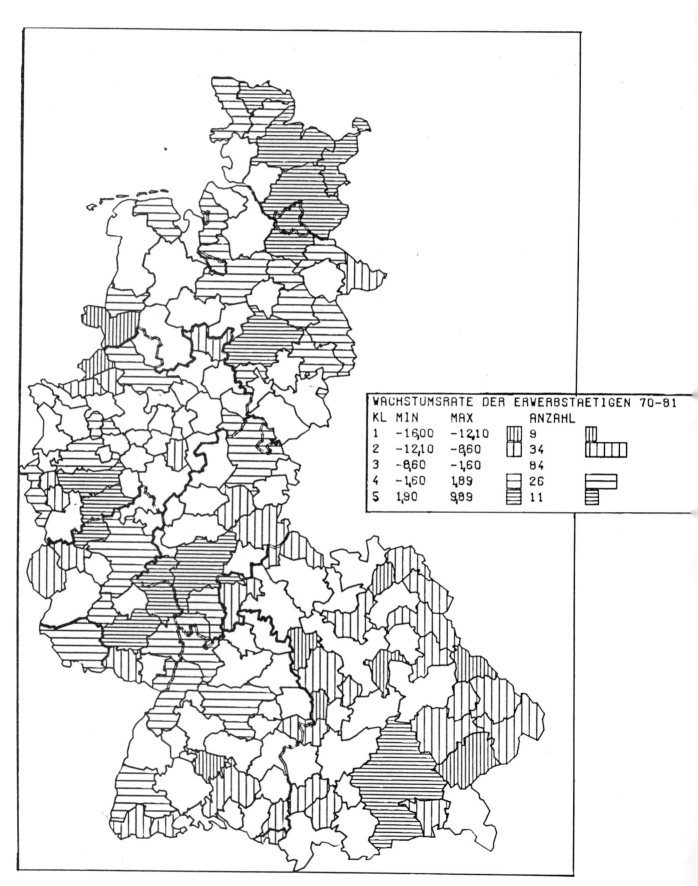

Quelle: Eigene Berechnungen

Im betrachteten Zeitraum von 1970-1981 betrug der durchschnittliche
Rückgang der Arbeitsplätze in den regionalen Arbeitsmärkten der Bundesrepublik Deutschland 5,12 % (vgl. Tabelle 3). Aufgrund der gegebenen
Sektoralstruktur konnte nur noch in den großen Dienstleistungszentren
mit einer Ausweitung des Arbeitsplatzangebotes (+ 2,17 %) gerechnet
werden, während in den übrigen Raumkategorien die sektoralen Erwartungswerte negativ waren. Dies gilt insbesondere für die peripheren ländlichen Räume (- 7,7 %).

Die günstigste Sektoralstruktur zeigt sich dabei in Norddeutschland,
während Bayern aufgrund eines hohen Gewichtes der Landwirtschaft sowie
des Textil- und Bekleidungsgewerbes die letzte Rangposition einnimmt.

Multipliziert man den Anteil der Erwerbstätigen ohne abgeschlossene
Berufsausbildung in den einzelnen Wirtschaftssektoren mit der Sektoralstruktur der regionalen Arbeitsmärkte, so stellen sich die fünf höchsten Ausprägungen für Rothenburg ob der Tauber, Bitburg-Prüm, Cham,
Ansbach und Neumarkt ein. Sie bewegen sich zwischen 46,6 und 42,9 % [1].
Die niedrigsten Ausprägungen ergeben sich dagegen mit Relativwerten von
etwa 30 % für Frankfurt, Essen, Bochum, Hamburg und Köln-Leverkusen.
Hier bestätigt sich deutlich die Hypothese eines Bildungsgefälles zwischen Stadt und Land, das eindrucksvoll aus der Abbildung 16 hervorgeht.

Ein analoges Bild stellt sich ein, wenn man zur durchschnittlichen Lohn-
und Gehaltssumme je Arbeitnehmer übergeht, wobei allerdings jetzt die
alten Industrieregionen stärker in den Vordergrund treten. So befinden
sich mit Hagen, Duisburg, Dortmund und Bochum vier regionale Arbeitsmärkte des Ruhrgebietes unter den sieben ersten Rangplätzen, während
die letzten wiederum von regionalen Arbeitsmärkten eingenommen werden,
in denen die Land- und Forstwirtschaft sowie die Leder-, Textil- und
Bekleidungsindustrie überwiegt (Nördlingen, Rothenburg, Bitburg, Cham,
Alsfeld, Cochem, Ahaus, usw.) [2] (vgl. Abbildung 17).

---

1) Vgl. Tabelle 5* im Anhang sowie Abbildung 13.
2) Vgl. Tabelle 6* im Anhang.

Tabelle 3:

```
0* * * * * * * * * * * * * *    C E L L   M E A N S   * * * * * * * * * * *
                X12        VERAEND. ERWERBSTAETIGE 70-81
             BY INDSTR    INDUSTRIESTRUKTUR
                LAGE       RAEUMLICHE LAGE

  * * * * * * * * * * * * * * * * * * * * * * * * * * * * * * * * * * * *
-TOTAL POPULATION
0     -5.12
    (    164)

0INDSTR
              1          2          3          4
0      2.17      -2.68      -4.26      -7.71
    (    12)  (    23)  (    55)  (    74)

0LAGE
              1          2          3          4          5
0     -1.64      -4.33      -4.18      -6.31      -8.67
    (    34)  (    38)  (    26)  (    26)  (    40)


0          LAGE
                    1          2          3          4          5
    INDSTR
            1      3.21       2.89       3.10      -0.78      -0.26
            (     3)  (     4)  (     2)  (     1)  (     2)

            2      2.72      -3.30      -0.30      -0.86      -9.09
            (     3)  (    15)  (     1)  (     2)  (     2)

            3     -0.81      -5.59      -3.27      -5.33      -6.92
            (    13)  (    11)  (    10)  (    10)  (    11)

            4     -4.21      -8.16      -6.30      -8.31     -10.08
            (    15)  (     8)  (    13)  (    13)  (    25)
```

SOURCE OF VARIATION	SQUARES	DF	SQUARE	F	OF
0MAIN EFFECTS	2071.520	7	295.931	28.693	0.0
INDSTR	1073.965	3	357.988	34.709	0.0
LAGE	759.182	4	189.796	18.402	0.0
02-WAY INTERACTIONS	85.556	12	7.130	0.691	0.75
INDSTR LAGE	85.550	12	7.130	0.691	0.75
0EXPLAINED	2157.076	19	113.530	11.008	0.0
0RESIDUAL	1485.194	144	10.314		
0TOTAL	3642.270	163	22.345		

0   164 CASES WERE PROCESSED.

Abbildung 16:

HUMANKAPITAL (HÖCHSTER BERUFLICHER SCHULABSCHLUSS) 1978 (IN %)

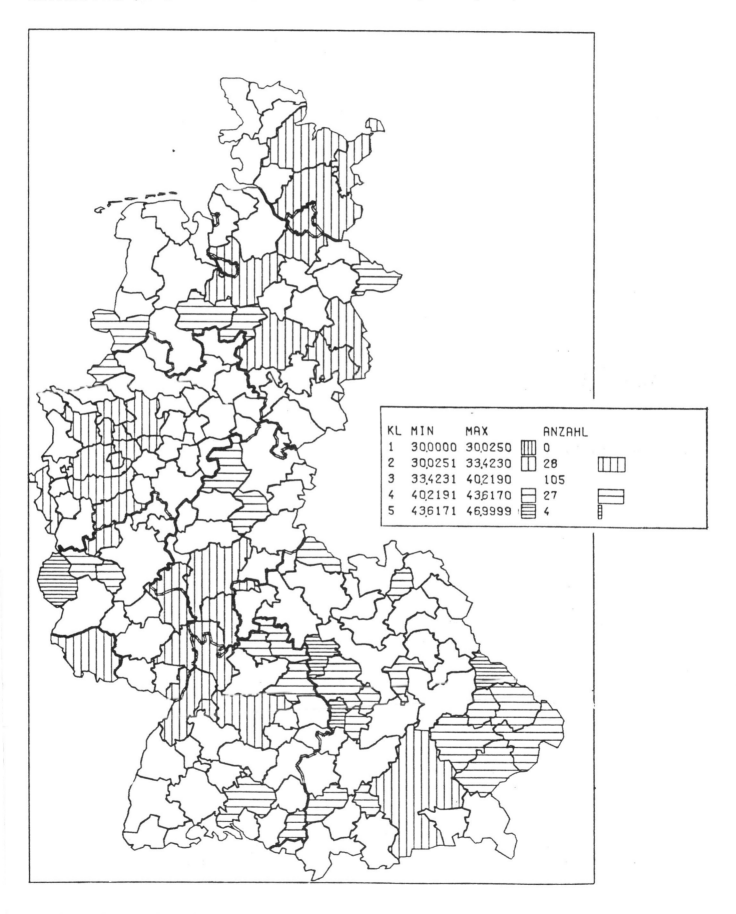

Quelle: Eigene Berechnungen

Abbildung 17:

EINKOMMEN AUS UNSELBSTÄNDIGER ARBEIT 1981 (BRD = 100)

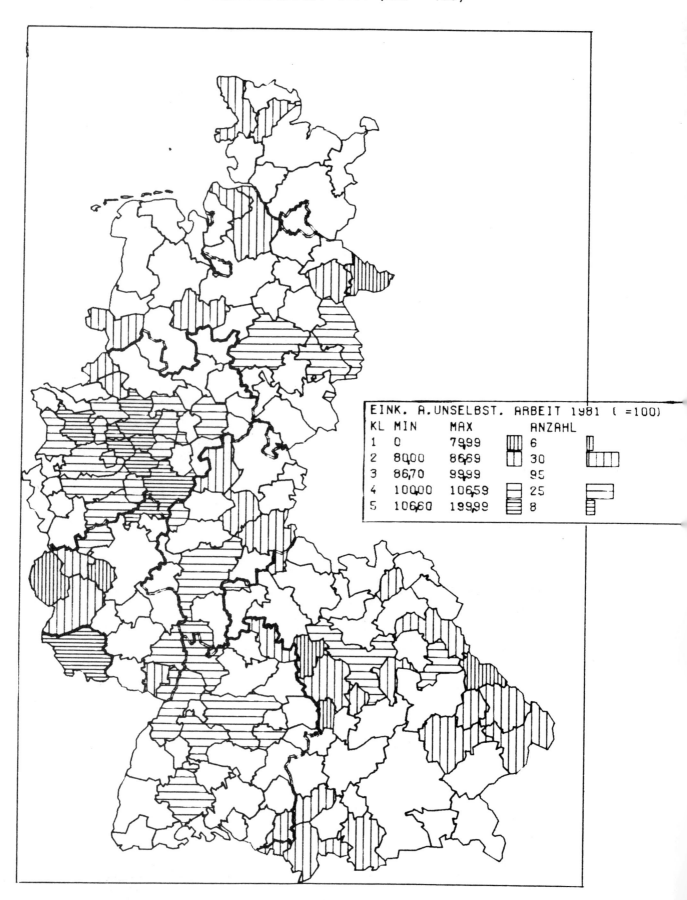

Quelle: Eigene Berechnungen

Diese regionale Diskrepanz wird noch offenkundiger, wenn man zu den Ergebnissen der Varianzanalyse übergeht (vgl. Tabelle 4). So ist aufgrund der gegebenen Sektoralstruktur in alten Industrieregionen ein Einkommensniveau zu erwarten, das um 16 Prozentpunkte über jenem der peripheren ländlichen Räume liegt.

Geht man von dieser statischen zu einer zeitraumbezogenen Analyse über, so läßt sich deutlich erkennen, daß durchaus ein Zusammenhang zwischen der sektoralen Einkommensentwicklung und dem Wachstum des Wirtschaftszweiges besteht. Alte Industrieregionen haben einen Teil ihres Einkommensvorsprunges eingebüßt, während ländliche Räume in durchaus bemerkenswertem Umfang aufgeholt haben (vgl. Abbildung 18).

Tabelle 4:

```
0* * * * * * * * * * * * * *   C E L L   M E A N S  * * * * *
                    X14        EINKOMMEN AUS UNSELBST.ARBEIT 1981
            BY INDSTR    INDUSTRIESTRUKTUR
               LAGE      RAEUMLICHE LAGE
 * * * * * * * * * * * * * * * * * * * * * * * * * * * * * * *
-TOTAL POPULATION
0     93.37
   (   164)


OINDSTR
             1          2          3          4
0     99.97     106.09     93.74     88.07
   (    12) (     23) (     55) (     74)


OLAGE
             1          2          3          4          5
0     91.36     100.77     91.43     94.48     88.58
   (    34) (     38) (     26) (     26) (     40)


  LAGE
             1          2          3          4          5

1     98.26     101.51     99.04     102.74     98.99
   (     3) (      4) (      2) (      1) (      2)

2    101.92     108.95     109.62     101.42     93.73
   (     3) (     15) (      1) (      2) (      2)

3     92.23     95.48     92.62     96.59     92.20
   (    13) (     11) (     10) (     10) (     11)

4     87.10     92.36     87.93     91.17     85.75
   (    15) (      8) (     13) (     13) (     25)
```

SOURCE OF VARIATION	SUM OF SQUARES	DF	MEAN SQUARE	F	SIGNI OF
OMAIN EFFECTS	7185.305	7	1026.472	27.290	0.0
INDSTR	3916.969	3	1305.656	34.712	0.0
LAGE	860.513	4	215.128	5.719	0.00
O2-WAY INTERACTIONS	308.897	12	25.741	0.684	0.76
INDSTR LAGE	308.897	12	25.741	0.684	0.76
OEXPLAINED	7494.201	19	394.432	10.486	0.0
ORESIDUAL	5416.429	144	37.614		
OTOTAL	12910.630	163	79.206		

0   164 CASES WERE PROCESSED.

Abbildung 18:

WACHSTUMSRATE DES EINKOMMENS AUS UNSELBSTÄNDIGER ARBEIT 1970 - 1981 (in %)

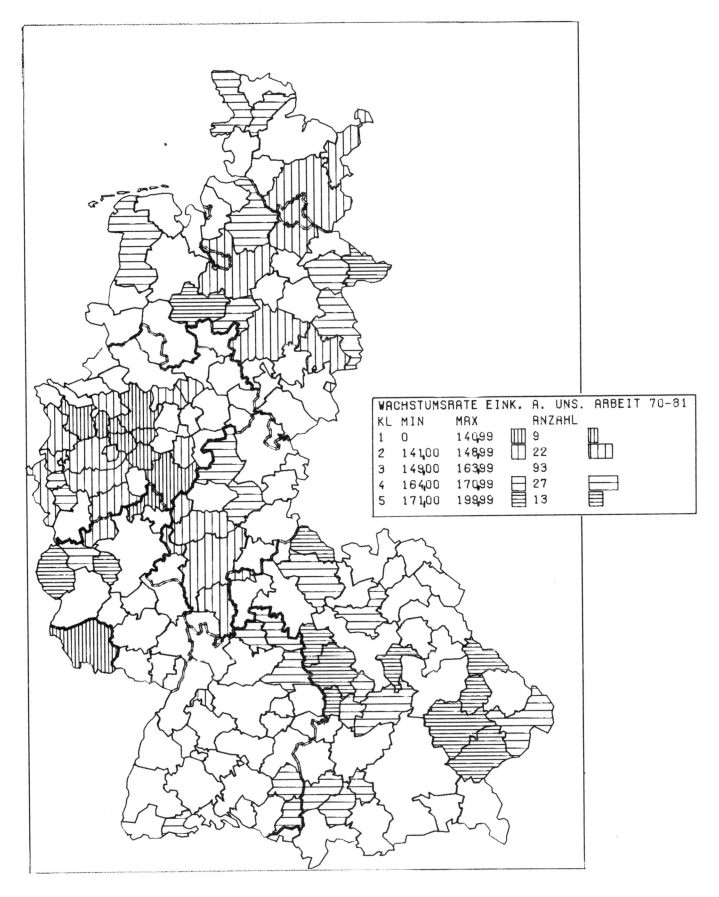

Quelle: Eigene Berechnungen

(2) Kapital

(2.1) Sektorale Wandlungen des Kapitaleinsatzes

Im Gegensatz zur Entwicklung der Anzahl der Arbeitskräfte "hat sich die Ausstattung der Unternehmen mit dem Produktionsfaktor Kapital ständig vergrößert, nach 1973 allerdings in einem deutlich langsameren Tempo. Der Kapitalstock der Unternehmen wuchs von 1960 bis 1973 jährlich um durchschnittlich 6,2 v. H., von 1973 bis 1979 um 4,1 v. H." [1].

"Die Beziehungen zwischen Kapitalstock und Produktionspotential finden ihren Ausdruck in der trendmäßigen Entwicklung des Kapitalkoeffizienten. Nach Abschluß der Rekonstruktionsphase mit sinkendem Kapitalkoeffizienten kehrte sich schon Ende der 50er Jahre der Trend des Kapitalkoeffizienten im Unternehmensbereich um. Bedingt durch den forcierten Aufbau von Produktionskapazitäten in den 50er Jahren verfügte die Bundesrepublik zu Beginn der 60er Jahre über einen Kapitalbestand mit sehr günstigem Altersaufbau und entsprechend hohem Modalitätsgrad. Die erforderlichen Ersatzinvestitionen waren daher in den 60er Jahren zunächst sehr gering, so daß auch bei gleichbleibenden Investitionsquoten und steigenden Kapitalkoeffizienten das Produktionspotential noch kräftig ausgeweitet werden konnte. ...

Die Umstrukturierung des Kapitalstocks in den 60er Jahren betraf nicht nur das Verhältnis von Bau- zu Ausrüstungsinvestitionen, sondern auch den Kapitaleinsatz in den Wirtschaftszweigen. Insbesondere in der ersten Hälfte des Jahrzehnts verlagerte sich die Kapitalbildung ständig zu Bereichen mit niedrigen Kapitalkoeffizienten. Diese strukturellen Verschiebungen wirkten sich dämpfend auf den Anstieg des Kapitalkoeffizienten für den gesamten Unternehmensbereich aus. Schon in der Rezession von 1966/1967, besonders aber zu Beginn der 70er Jahre, änderte sich diese Konstellation. Seit 1974 verstärkten die Branchenstruktureffekte beim Kapitalstock sogar den Anstieg des Kapitalkoeffizienten" [2].

---

1) HWWA 1980, S. 37.
2) DIW 1980, S. 37.

Die Erklärung eines schnelleren Anstieges des Kapitalstocks im Vergleich zur Menge der Arbeitsplätze, also die steigende Kapitalintensität, läßt sich über die relativen Faktorpreise erklären: "Die Tatsache, daß die Unternehmer auf rückläufige Erträge und/oder Ertragserwartungen heute offenbar deutlicher reagieren als in der Vergangenheit, ist zu einem guten Teil erklärbar aus veränderten Preisrelationen für Arbeit und Kapital. Löhne und Kapitalgüterpreise, Kapitalmarktzins und Finanzierungsbedingungen haben sich keineswegs synchron entwickelt:

- Mit dem Auslaufen der exorbitanten Lohnsteigerungen an der Wende der 70er Jahre und der anhaltenden Inflationierung des Kapitalbestandes durch steigende Wiederbeschaffungspreise hat sich das Verhältnis von Lohnsatz und Kapitalgüterpreis bis 1982 kontinuierlich vermindert. Für die Unternehmen halbierte sich der Anstieg dieses relativen Faktorpreises von 5,4 v. H. für die Jahre 1965-1972 auf 2,6 v. H. im Zeitraum 1972-1981 - wobei die sektoralen Unterschiede nicht unbeträchtlich, aber ohne ökonomische Aussagekraft sind.

- Die restriktive und zunehmend effiziente Geldpolitik, die in den 70er Jahren zur Bekämpfung eben dieser inflationären Tendenzen - und später auch zur Verteidigung des äußeren Geldwertes - eingesetzt wurde, hat die Finanzierungskosten für Fremdkapital, aber auch die Opportunitätskosten des Eigenkapitaleinsatzes in die Höhe getrieben. Das Verhältnis von Lohn- zu Kapitalkosten, das allerdings wiederum nur für die zur Bilanzanalyse herangezogenen Branchen berechenbar ist, sank stark ab.

Unter diesen Umständen erwies sich die in den 60er Jahren ökonomisch sinnvolle und notwendige Strategie, durch vermehrten Einsatz von Kapital den Lohnkostendruck zu vermindern und die Arbeitsproduktivität zu erhöhen, die Kapitalproduktivität jedoch als vernachlässigbare Restgröße zu behandeln (und ansteigen zu lassen), als zunehmende Belastung der Bilanzen und der GuV-Rechnungen. Die Stabilisierung der Kapitalrentabilität erforderte nun eine Verminderung des Kapitaleinsatzes. Diese Wahlmöglichkeiten, die Substitutionsbeziehungen zwischen Arbeit und Kapital, sind auch auf sektoraler Ebene offenbar größer als oft vermutet wird, der Zusammenhang zwischen Faktorpreisen und Faktoreinsatzrelationen ist signifikant" [1].

---

1) RWI 1983, S. 127ff.

Betrachtet man die sektoral differenzierten Wachstumsraten beim Sachkapital, so zeigen sich überproportionale Expansionen vor allem im Dienstleistungsbereich und hier insbesondere bei den Banken und Versicherungen sowie den Dienstleistungen von privaten Unternehmen und freien Berufen. Deutlich zurück bleiben dagegen die Energie- und Wasserversorgung (einschl. Bergbau) sowie der Sektor Verkehr und Nachrichtenübermittlung.

Die Wachstumsrate des Sachkapitals im verarbeitenden Gewerbe lag zwischen 1960 und 1976 mit + 198,2 % über derjenigen der gesamten Volkswirtschaft (+ 169,5 %). Dabei schnitten der Stahl-, Maschinen- und Fahrzeugbau mit + 261,2 % und die Elektrotechnik mit + 289,3 % besonders günstig ab, während vor allem in der Metallerzeugung und -bearbeitung mit +132,4 % und dem Leder-, Textil- und Bekleidungsgewerbe mit + 115,0 % erhebliche Wachstumsdefizite zu verzeichnen waren (vgl. Abbildung 19). Eine ähnliche sektorale Reihenfolge läßt sich für den Zeitraum von 1978 bis 1981 feststellen (vgl. Abbildung 20).

Spitzenreiter sind erneut die privaten Dienstleistungen mit + 60,7 %, gefolgt von den Banken und Versicherungen mit + 25,7 % und dem Stahl-, Maschinen- und Fahrzeugbau mit + 17,1 %. In drei Branchen war dagegen ein Rückgang des eingesetzten Kapitals beobachtbar, u. z. in der Industrie der Steine und Erden mit - 1,1 %, in der Metallerzeugung und -bearbeitung mit - 5,4 % sowie im Leder-, Textil- und Bekleidungsgewerbe mit - 3,9 %.

Bezieht man das im Produktionsprozeß eingesetzte Kapital auf die Menge der Arbeitskräfte, berechnet man also die Kapitalintensität, so stellt sich für die bundesrepublikanische Volkswirtschaft im Jahre 1981 ein Wert von 34,5 Tsd. ein. Dabei liegen die sektoralen Extremwerte zwischen 187,3 Tsd. (Energie- und Wasserversorgung, Bergbau) und 8,1 Tsd. (Staat).

Abbildung 19:

Wachstumsraten des Sachkapitals in den Sektoren 1960-1978

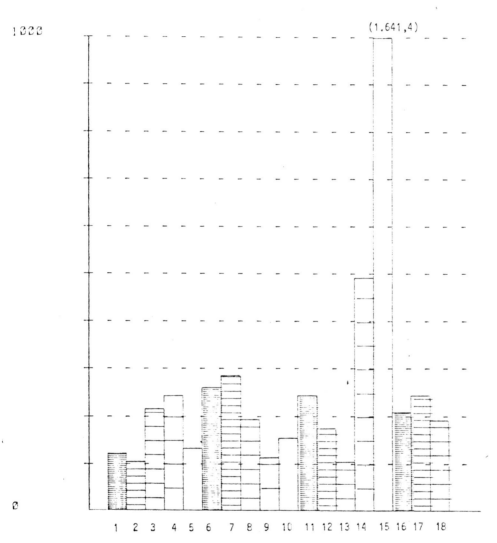

Legende:
1=Land- und Forstwirtschaft
3=Chemie,Mineraloel,Kunststoff,Gummi,Asbest
5=Metallerzeugung und -bearbeitung
7=Elektrotechnik,Feinkeramik,EBM-Waren
9 Leder-,Textil- und Bekleidungsgewerbe
11=Baugewerbe
13=Verkehr und Nachrichtenuebermittlung
15=Private Dienstleistungen
17=Staat

2=Energie und Wasser,Bergbau
4=Steine und Erden,Feinkeramik und Glas
6=Stahl-,Maschinen- und Fahrzeugbau
8=Holz-,Papier- und Druckgewerbe
10=Nahrungs- und Genussmittelgewerbe
12=Handel
14=Banken und Versicherungen
16=Organisationen ohne Erwerbscharakter
18=Gesamt

Quelle:
Eigene Berechnungen nach Angaben in
Ergebnisse der volkswirtschaftlichen Gesamtrechnungen 1960-1978 nach Wirtschaftsbereichen und Guetergruppen,
Fachserie 18 des Stat. Bundesamtes,Reihe S3,Stuttgart und Mainz 1979
und Stat. Jahrbuecher der Bundesrepublik Deutschland der entsprechenden Jahrgaenge

Abbildung 20:

WACHSTUMSRATEN DES SACHKAPITALS (AUSRÜSTUNGEN) IN DEN SEKTOREN 1978 - 1981 (IN %)

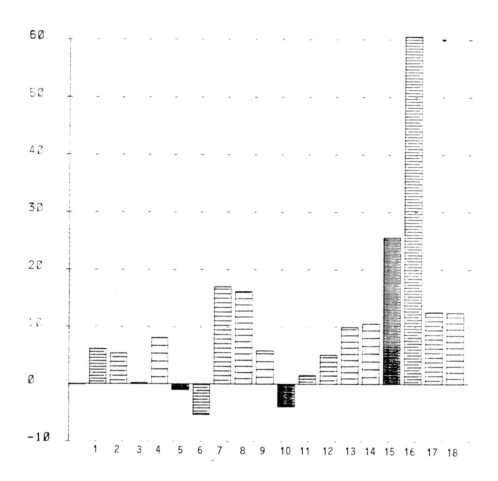

Legende:

1=Land- und Forstwirtschaft
2=Energie- und Wasserversorgung, Bergbau
3=Chem. Industrie und Mineralölverarbeitung
4=Kunststoff-, Gummi- u. Asbestverarbeitung
5=Steine u. Erden, Feinkeramik u. Glas
6=Metallerzeugung und -verarbeitung
7=Stahl-, Maschinen- und Fahrzeugbau
8=Elektrotechnik, Feinmechanik, EBM-Waren
9=Holz-, Papier- und Druckgewerbe

10=Leder-, Textil- u. Bekleidungsgewerbe
11=Nahrungs- und Genußmittelgewerbe
12=Baugewerbe
13=Handel
14=Verkehr und Nachrichtenübermittlung
15=Banken und Versicherungen
16=private Dienstleistungen
17=Staat
18=G e s a m t

Quelle:

Eigene Berechnungen nach RWI 1983 (Bd. 3), S. 5-51.

Zwischen 1960 und 1978 erhöhte sich die Kapitalintensität um 180,5 %.
Dabei stieg sie besonders schnell bei den Dienstleistungen von privaten
Unternehmen und freien Berufen sowie in der Land- und Forstwirtschaft,
während sie in den Wirtschaftszweigen Verkehr und Nachrichtenübermittlung sowie Staat erheblich hinter dem bundesrepublikanischen Durchschnitt
zurückblieb [1]. Aus Abbildung 22 gehen die entsprechenden Wachstumsraten
für den Zeitraum von 1978 bis 1981 hervor.

Wegen der geänderten gesamtwirtschaftlichen Rahmenbedingungen soll in
diesem Kapital auf drei spezielle Inputfaktoren näher eingegangen werden,
nämlich die Fläche, den Energieeinsatz sowie die Ausgaben für den Umweltschutz.

Der Flächenbedarf stellt sich in den einzelnen Sektoren des produzierenden Gewerbes stark unterschiedlich dar. Besonders flächenintensiv ist
etwa die Chem. Industrie und Mineralölverarbeitung mit 680 m² benötigter
Fläche pro Arbeitskraft, während die Elektrotechnik mit 37 m² pro Arbeitskraft nur etwa 6 % dieses Inputfaktors benötigt (vgl. Abbildung 23).

Die extreme Verteuerung der Energie in den letzten Jahren dürfte ökonomisch zu folgenden Konsequenzen führen:

- Die Energieintensität verringert sich.
- Die energieintensiven Produkte erfahren überdurchschnittliche Preissteigerungen und verlieren damit am Markt an Gewicht.
- Im Rahmen der internationalen Arbeitsteilung verschiebt sich die Produktion dieser Güter in jene Länder, die reichliche und billige Energie besitzen.

In der Bundesrepublik Deutschland dürften daher im Wachstumsprozeß jene
Regionen benachteiligt sein, die energieintensive Produkte herstellen.

---

1) Vgl. Abbildung 21 sowie Tabelle 7* im Anhang.

Abbildung 21:

Wachstumsraten der Kapitalintensitaet in den Sektoren 1960-1978

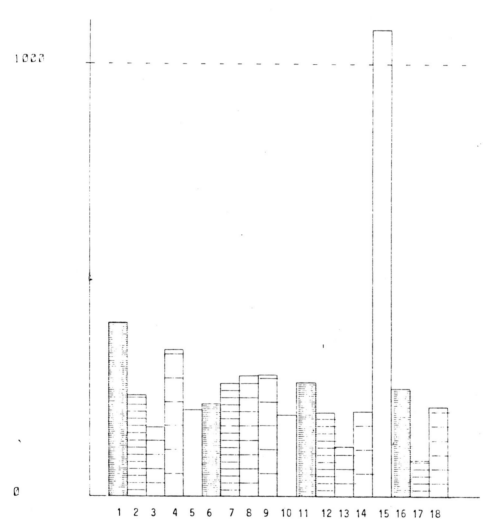

Legende:
1=Land- und Forstwirtschaft
3=Chemie,Mineraloel,Kunststoff,Gummi,Asbest
5=Metallerzeugung und -bearbeitung
7=Elektrotechnik,Feinkeramik,EBM-Waren
9=Leder-,Textil- und Bekleidungsgewerbe
11=Baugewerbe
13=Verkehr und Nachrichtenuebermittlung
15=Private Dienstleistungen
17=Staat

2=Energie und Wasser,Bergbau
4=Steine und Erden,Feinkeramik und Glas
6=Stahl-,Maschinen- und Fahrzeugbau
8=Holz-,Papier- und Druckgewerbe
10=Nahrungs- und Genussmittelgewerbe
12=Handel
14=Banken und Versicherungen
16=Organisationen ohne Erwerbscharakter
18=Gesamt

Quelle:
Eigene Berechnungen nach Angaben in
Ergebnisse der volkswirtschaftlichen Gesamtrechnungen 1960-1978 nach Wirtschaftsbereichen und Guetergruppen,
Fachserie 18 des Stat. Bundesamtes,Reihe S3,Stuttgart und Mainz 1979
und Stat. Jahrbuecher der Bundesrepublik Deutschland der entsprechenden Jahrgaenge

Abbildung 22:

WACHSTUMSRATEN DER KAPITALINTENSITÄT IN DEN SEKTOREN 1978-1981

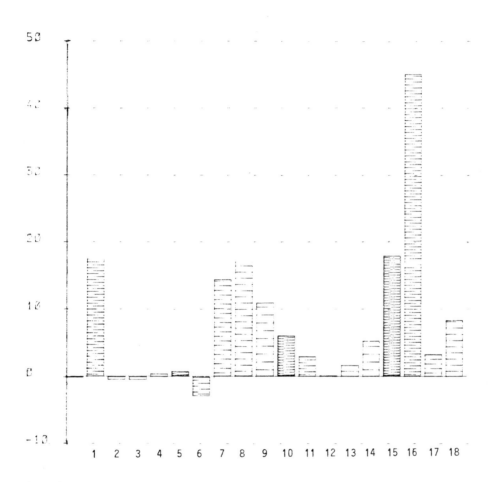

Legende:

1=Land- und Forstwirtschaft
2=Energie- u. Wasserversorg.,Bergbau
3=Chemie und Mineralölverarbeitung
4=Kunststoff-, Gummi- u. Asbestverarb.
5=Steine u. Erden, Feinkeramik u. Glas
6=Metallerzeugung u. -bearbeitung
7=Stahl-, Maschinen- u. Fahrzeugbau
8=Elektrotechnik,Feinmechanik,EBM-Waren
9=Holz-, Papier- u. Druckgewerbe

10=Leder-, Textil- u. Bekleidungsgewerbe
11=Nahrungs- u. Genußmittelgewerbe
12=Baugewerbe
13=Handel
14=Verkehr u. Nachrichtenübermittlung
15=Banken und Versicherungen
16=Private Dienstleistungen
17=Staat
18= G e s a m t

Quelle:
Eigene Berechnungen nach Angaben in: Ergebnisse der volkswirtschaftlichen Gesamtrechnung,
Fachserie 18, Reihe 1, Konten- und Standardtabellen 1983 (Vorbericht), Wiesbaden 1984,
S. 60ff sowie RWI 1983 (Bd. 3), S. 5-56.

Abbildung 23:

FLÄCHENBEDARF INDUSTRIELLER WIRTSCHAFTSZWEIGE (IN m²) JE ERWERBSTÄTIGEN IN 1981

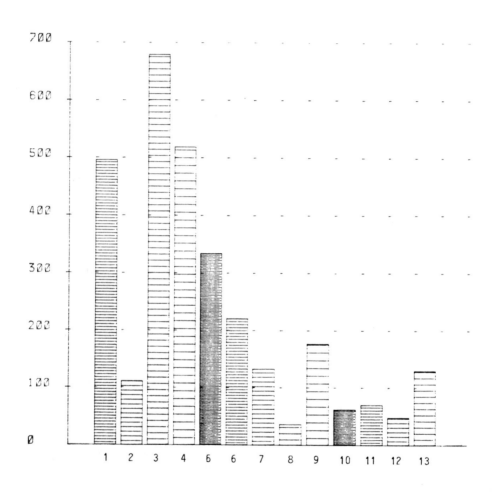

Legende:

1=Energie- und Wasserversorgung
2=Bergbau
3=Chem. Industrie u. Mineralölverarb.
4=Kunststoff-, Gummi- u. Asbestverarb.
5=Steine u. Erden, Feinkeramik u. Glas
6=Metallerzeugung u. -verarbeitung
7=Stahl-, Maschinen- u. Fahrzeugbau

8=Elektrotechnik, Feinmechanik, EBM-Waren
9=Holz-, Papier- u. Druckgewerbe
10=Leder-, Textil- u. Bekleidungsgewerbe
11=Nahrungs- und Genußmittelgewerbe
12=Baugewerbe
13=Handel

Quelle:
Hans-Friedrich Eckey: Der Flächenbedarf der Industrie, Bochum 1975, S. 11ff.

Auf die Bedeutung der Erhöhung der Energiepreise für den sektoralen Strukturwandel geht das IfW ein [1]: "Die reale Verteuerung des Öls und anderer Energieträger benachteiligt generell energieintensive Fertigungen. Ist der Stand der Produktionstechnik ähnlich wie im Inland, was im Falle der Industrieländer zu vermuten ist, so verlaufen auch die Anpassungsprozesse im Ausland ähnlich. Die internationale Wettbewerbsfähigkeit der energieintensiven Produktionsbereiche in der Bundesrepublik Deutschland wird durch eine weltweite Zunahme der Energiekosten nicht wesentlich berührt. Die internationale Wettbewerbsfähigkeit einzelner Branchen ist allerdings dann tangiert, wenn die Preise einzelner Energieträger von Land zu Land stark unterschiedlich sind. Ein Preisgefälle bei einzelnen Energieträgern zwischen Ländern kann teils Ausdruck natürlicher Standortunterschiede (z. B. Stromerzeugung durch Wasserkraft), teils Ausdruck von einander abweichender energiepolitischer Strategien sein (Protektion heimischer Energiequellen). Ein Vergleich zwischen Industrieländern zeigt, daß die Energiepreise an den teuersten Standorten nicht-selten doppelt so hoch waren wie an den günstigsten. Allerdings schlagen derartige Disparitäten nur bei den energieintensiven Bereichen zu Buche".

Bezieht man die direkten Energiekosten auf 100 DM Bruttoproduktionswert, so errechnet sich im Jahre 1981 für die gesamte Volkswirtschaft ein Wert von 7,87 %. Der Anteil der Energie- an den Gesamtkosten lag 1970 noch bei 4,17 %. Dabei schwankten die Anteile der Energiekosten zwischen ca. 40 % (Energie- und Wasserversorgung, Bergbau sowie Chem. Industrie und Mineralölverarbeitung) und weniger als 1 % (Banken und Versicherungen) [2].

---

1) IfW 1984, S. 87ff.
2) Vgl. Abbildung 24.

Abbildung 24:

DIREKTE ENERGIEKOSTEN IN V. H. VOM PROD.-WERT JE WIRTSCHAFTSBEREICH 1981

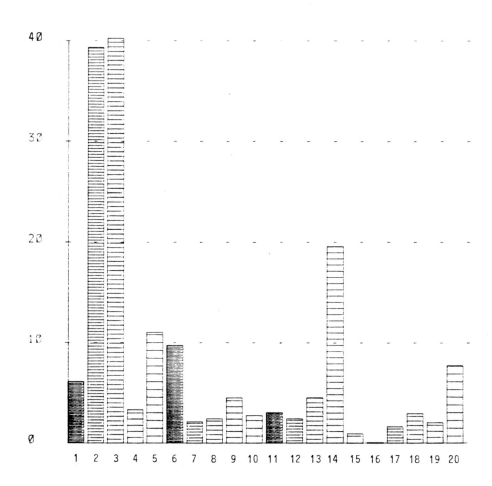

Legende:

1=Land- und Forstwirtschaft
2=Energie- und Wasserversorgung, Bergbau
3=Chem. Industrie und Mineralölverarbeitung
4=Kunststoff-, Gummi- und Asbestverarbeitung
5=Steine u. Erden, Feinkeramik u. Glas
6=Metallerzeugung und -verarbeitung
7=Stahl-, Maschinen- und Fahrzeugbau
8=Elektrotechnik, Feinmechanik, EBM-Waren
9=Holz-, Papier- und Druckgewerbe
10=Leder-, Textil- und Bekleidungsgewerbe

11=Nahrungs- und Genußmittelgewerbe
12=Baugewerbe
13=Handel
14=Verkehr und Nachrichtenübermittlung
15=Banken und Versicherungen
16=Wohnungsvermietung
17=private Dienstleistungen
18=Organisationen ohne Erwerbscharakter
19=Staat
20=G e s a m t

Quelle:
Eigene Berechnungen nach RWI 1983, S. 100.

"Die wirtschaftliche Entwicklung und die zunehmende materielle Güterproduktion haben in vielen Bereichen zu einer Verschlechterung der Um-
weltsituation geführt, sei es in Form einer Verschmutzung von Boden,
Luft und Wasser, in wachsendem Müllanfall, in der Emission von Lärm und
Abwärme oder in der Zersiedlung der Landschaft. Diese Umweltbeeinträch-
tigungen werden umso stärker empfunden, je höher der Lebensstandard und
je höher die Emissionen sind" [1].

Das gestiegene Umweltbewußtsein der Gesellschaft äußert sich in einer
Reihe von Gesetzen, die in den 70er Jahren geschaffen wurden (Fluglärm-
schutzgesetz, Benzinbleigesetz, Abfallbeseitigungsgesetz, Bundes-Emis-
sionsschutzgesetz, Abwasserabgabengesetz, Waschmittelgesetz); sie führen zu Richtwerten in bezug auf die zulässige Umweltverschmutzung und
schaffen die Grundlage für Sanktionsmechanismen, die den Vollzug des
Umweltschutzes praktikabel machen. Dabei belasten sie Sektoren und
Regionen in unterschiedlicher Weise.

"Die Betroffenheit der einzelnen Branchen durch den Umweltschutz ergibt
sich aus den Aufwendungen für diesen Zweck, aus der Möglichkeit der Überwälzung dieser Aufwendungen in den Preisen und den Vorteilen für den
Aufbau neuer Umweltindustrien. ... Überwiegend von Umweltschutzaufwendungen werden die Grundstoff- und Produktionsgüterindustrie betroffen
und hier insbesondere die Chemie, die Mineralölverarbeitung, die Eisen-
schaffende Industrie, die NE-Metallerzeugung, die Gießereien, die Pappe-
erzeugung und die Gewinnung von Steinen und Erden. Die Mineralölverarbeitung kann ihre Betroffenheit auf das Benzinbleigesetz zurückführen;
da dieses Gesetz auch auf importierte Produkte anzuwenden ist und sich
diese Branche in einer relativ guten Preisposition befindet, sind die
negativen Konsequenzen für diesen Bereich als gering zu veranschlagen.
Dagegen sehen sich die Chemie und Papiererzeugung, hauptsächlich vom
Abwasserabgabengesetz berührt, mit unterdurchschnittlichen relativen

---

1) Hans Bülow, Peter Hofer, Dieter Schröder: Ansatzpunkte für die for-
   schungs- und technologiepolitische Entscheidungsfindung und der sich
   ändernden sozio-ökonomischen Rahmenbedingungen (Bd. 2), Basel 1981,
   S. 341 ff.

Preisen konfrontiert, woraus auf geringe Möglichkeiten zur Preisüberwälzung gestiegener Kosten geschlossen werden kann. Die Papiererzeugung konnte ihre schlechte relative Preisposition in den letzten Jahren verbessern. Die relativ schlechte Preisposition zeigt sich auch für die vom Emissionsschutz- und Abwasserabgabengesetz betroffenen Metallbereiche, die zudem einem starken internationalen Wettbewerb unterliegen. Für diese zuletzt genannten Branchen ergibt sich durch Umweltschutzaufwendungen eine schlechtere Stellung in der Branchenstruktur. Weitere Umweltanforderungen an diese Bereiche könnten eine Bedrohung für diese darstellen, wenn sie auch von anderer Seite unter Druck geraten; dies gilt insbesondere für die Metallbereiche. Die Gewinnung von Steinen und Erden sieht sich ungünstigen relativen Preisen gegenüber, die eine Überwälzung gestiegener Kosten erschweren. Diese Branche profitiert aber andererseits über indirekte Effekte im Rahmen ihrer starken Verflechtung mit dem Baugewerbe. Überwiegend positive Effekte ergeben sich auch für die Investitionsgütergewerbe, da diese nur geringe Umweltaufwendungen zu tragen haben, jedoch stark am Aufbau einer Umweltindustrie partizipieren. Von den Verbrauchsgütergewerben ist nur die Ledererzeugung überdurchschnittlich vom Umweltschutz betroffen; diese Branche zählt zu den benachteiligten Branchen in der Volkswirtschaft, so daß hier zusätzliche Anforderungen die Wachstumschancen stark beschneiden. Insgesamt gesehen könnten die Grundstoff- und Produktionsgütergewerbe (hier insbesondere die Metallbereiche und die Chemie) sowie von den Verbrauchsgütergewerben die Ledererzeugung als vom Umweltschutz negativ betroffen betrachtet werden. In der Energiewirtschaft, im Bergbau, in den übrigen Verbrauchsgütergewerben und im Nahrungs- und Genußmittelgewerbe ist die Belastung unterdurchschnittlich, allerdings können diese Branchen auch keine Wachstumsgewinne aus dem Umweltschutz verbuchen. Diesen negativen Belastungen der Unternehmen durch Umweltschutzinvestitionen stehen in anderen Branchen Vorteile durch den Aufbau einer Umweltschutzindustrie gegenüber. Die Umweltschutzinvestitionen des produzierenden Gewerbes (2,5 Mrd. DM) sowie die des Staates (1975 ca. 3,2 Mrd. DM) führen primär in den Investitionsgütergewerben zur Nachfrage. Durch die Staatsinvestitionen werden insbesondere das Baugewerbe und der Maschinenbau, von den

Investitionen des verarbeitenden Gewerbes der Maschinenbau, das Baugewerbe und die Elektrotechnik begünstigt" [1].

Da genaue Berechnungen in bezug auf Belastung und Begünstigung der einzelnen Wirtschaftszweige durch Umweltschutzmaßnahmen bisher ausstehen,
soll als Hilfsindikator die Höhe der Umweltschutzinvestitionen pro
Beschäftigten in den einzelnen Branchen herangezogen werden (vgl. Abbildungen 25 und 26).

(2.2) Regionale Auswirkungen eines intersektoral unterschiedlichen
      Kapitaleinsatzes

Abbildung 27 bringt die sektoralen Erwartungswerte in bezug auf die
Kapitalintensität der Produktion in den regionalen Arbeitsmärkten der
Bundesrepublik Deutschland zum Ausdruck. Sie schwankt zwischen über
40.000 DM in solchen Funktionalräumen, in denen die Energiewirtschaft
(einschl. Bergbau) ein hohes Gewicht hat, und rund 25.000 DM [2]. Die
führenden regionalen Arbeitsmärkte befinden sich damit vor allem im
Ruhrgebiet, während die Funktionalräume mit den geringsten Ausprägungen
konzentriert im südlichen Rheinland-Pfalz sowie im Münsterland liegen.

Geht man von der statischen zur dynamischen Betrachtungsweise über,
sind für die 70er Jahre die höchsten Steigerungen der Kapitalintensität in den Verdichtungsräumen mit hohem Dienstleistungsbesatz zu vermuten (vgl. Abbildung 28). Während in Ballungsgebieten wie München und
Freiburg erwartete Wachstumsraten des Sachkapitals von mehr als 75 %
errechnet werden, liegen sie in ländlichen und vor allem altindustriel-
len Arbeitsmarktregionen unter 50 %.

---

1) RWI 1980 (Band 2), S. 105ff.

   Ob die Aussagen des RWI in bezug auf Energiewirtschaft und Bergbau
   vor dem Hintergrund der vorgeschlagenen und getroffenen Maßnahmen,
   die zu einer Verminderung des "sauren Regens" führen sollen, zutref-
   fen, muß bezweifelt werden.

2) Vgl. Tabelle 8* im Anhang.

Abbildung 25:

UMWELTSCHUTZINVESTITIONEN JE ERWERBSTÄTIGEN (IN DM) IN DEN SEKTOREN 1981

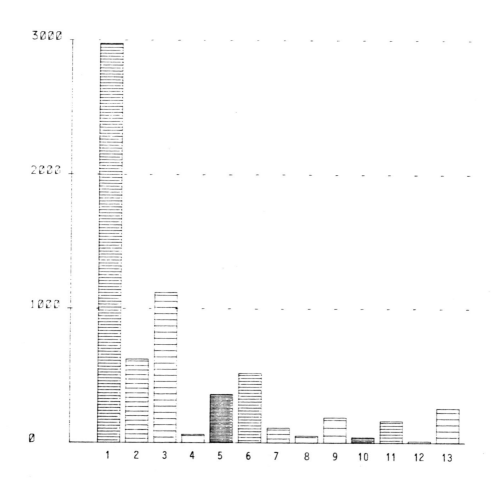

Legende:

1=Energie- und Wasserversorgung
2=Bergbau
3=Chem. Industrie u. Mineralölverarb.
4=Kunststoff-, Gummi- u. Asbestverarb.
5=Steine u. Erden, Feinkeramik u. Glas
6=Metallerzeugung u. -verarbeitung
7=Stahl-, Maschinen- u. Fahrzeugbau

8=Elektrotechnik, Feinmechanik,EBM-Waren
9=Holz-, Papier- u. Druckgewerbe
10=Leder-, Textil- u. Bekleidungsgewerbe
11=Nahrungs- und Genußmittelgewerbe
12=Baugewerbe
13=G e s a m t

Quelle:
Eigene Berechnungen nach statistischen Jahrbüchern der BRD 1981 und 1984, Wiesbaden 1981
und 1984, S. 564f. bzw. S. 579.

Abbildung 26:

WACHSTUMSRATE UMWELTSCHUTZINVESTITIONEN JE ERWERBSTÄTIGEN 1978-1981 (IN %)

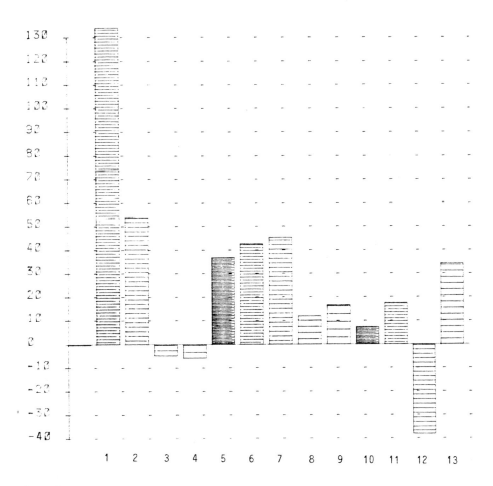

Legende:

1=Energie- u. Wasserversorgung
2=Bergbau
3=Chem. Industrie u. Mineralölverarb.
4=Kunststoff-, Gummi- u. Asbestverarb.
5=Steine u. Erden, Feinkeramik u. Glas
6=Metallerzeugung u. -verarbeitung
7=Stahl-, Maschinen- u. Fahrzeugbau

8=Elektrotechnik, Feinmechanik, EBM-Waren
9=Holz-, Papier- u. Druckgewerbe
10=Leder-, Textil- u. Bekleidungsgewerbe
11=Nahrungs- u. Genußmittelgewerbe
12=Baugewerbe
13=G e s a m t

Quelle:
Eigene Berechnungen nach statistischen Jahrbüchern der BRD 1981 und 1984, Wiesbaden 1981 und 1984, S. 564f. bzw. S. 579.

Abbildung 27:

KAPITALINTENSITÄT (AUSRÜSTUNGEN) 1981 (IN TSD. DM JE ERWERBSTÄTIGEN)

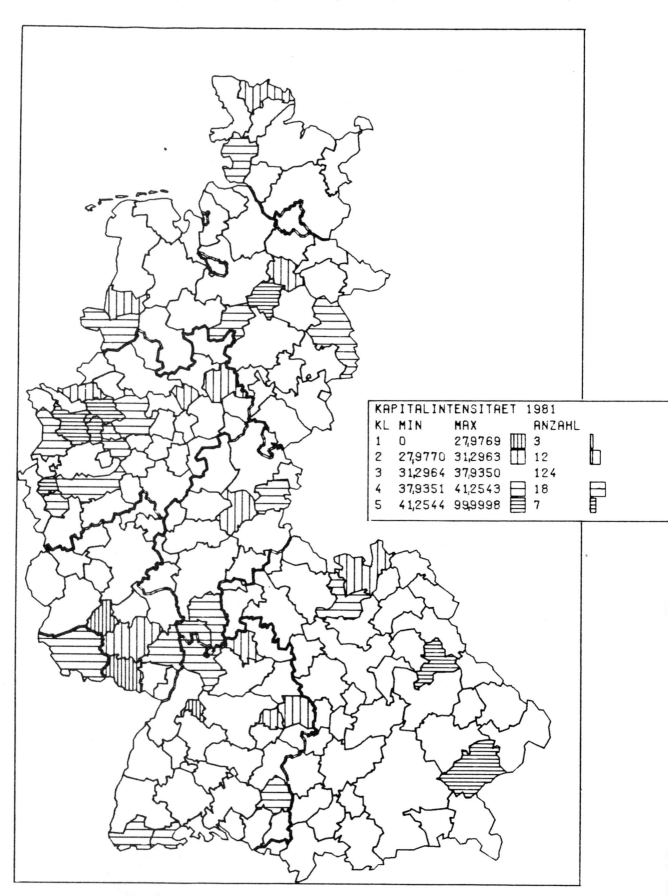

Quelle: Eigene Berechnungen

Abbildung 28:

WACHSTUMSRATE DER KAPITALINTENSITÄT 1970-1981 (IN %)

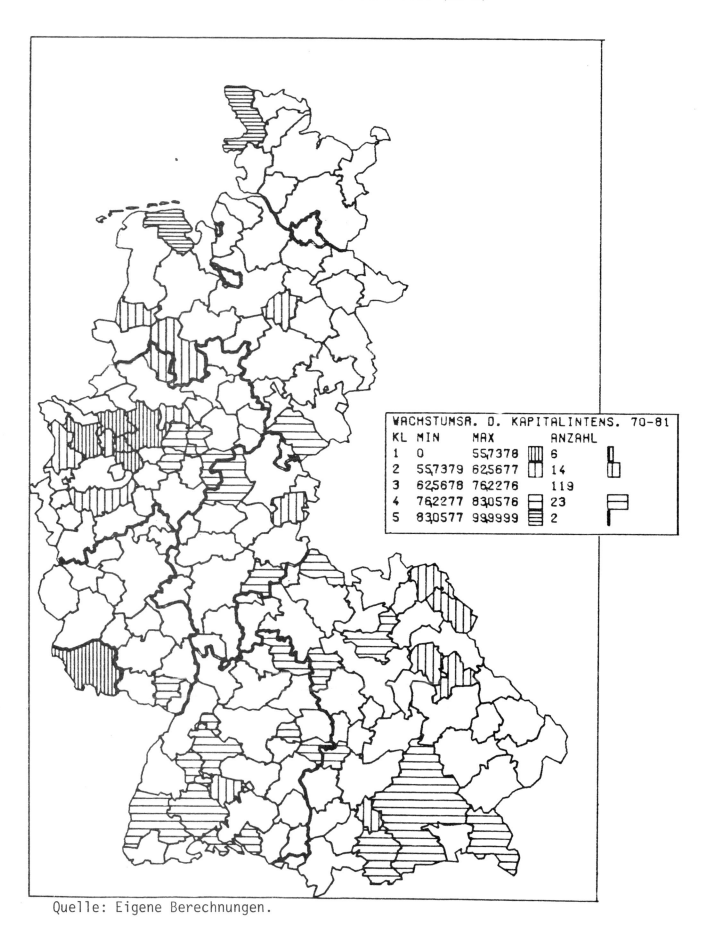

Quelle: Eigene Berechnungen.

Die Ergebnisse der Varianzanalyse zur Veränderung des Sachkapitals gehen aus Tabelle 5 hervor. Wie zu erwarten, schneiden die Dienstleistungszentren mit + 96,1 % erheblich besser als die alten Industrieregionen mit + 78,6 bzw. die peripheren ländlichen Räume mit + 80,8 % ab.

Die sektoralen Erwartungswerte bei der Flächenintensität der Produktion ergeben sich aus Abbildung 29 [1]. Führend sind hier die alten Industriegebiete, während vor allem die peripheren ländlichen Regionen wesentlich geringere Flächenintensitäten kennen. Hiermit können erhebliche Engpaßprobleme verbunden sein; in denjenigen Regionen, in denen relativ wenig (viel) Fläche zur Verfügung steht, überwiegen die (wenig) flächenintensiven Wirtschaftszweige.

Erhebliche Unterschiede ergeben sich bei der aufgrund der Sektoralstruktur zu erwartenden Belastung der Wirtschaft in den regionalen Arbeitsmärkten der Bundesrepublik Deutschland mit Energiekosten. Während sie in den regionalen Arbeitsmärkten mit hohen Anteilen von Bergbau, Energieerzeugung, Chemie, Mineralölverarbeitung und Metallerzeugung 20 % und mehr erreichen (im führenden Arbeitsmarkt Heide-Meldorf beträgt sie 30,6 %), liegt sie in den meisten regionalen Arbeitsmärkten der Bundesrepublik Deutschland zwischen 4 und 6 % [2]. Die hohe Belastung alter Industrieregionen, die in Norddeutschland und vor allem in Nordrhein-Westfalen überwiegen, geht auch aus Tabelle 6 hervor, die die Ergebnisse der Varianzanalyse zum Ausdruck bringt.

Die Veränderung der Energiekosten im Zeitraum von 1970-1981 hat die regionalen Arbeitsmärkte der Bundesrepublik Deutschland in unterschiedlicher Weise getroffen. Vor allem jene Räume waren stark tangiert, die eine besonders hohe Abhängigkeit von der Mineralölindustrie aufweisen. Andere Räume, in denen substitutionale Energieträger wie Kohle überwiegen, schnitten wesentlich günstiger ab. So liegt der sektorale Erwar-

---

1) Die Tabelle der entsprechenden sektoralen Erwartungswerte findet sich in Tabelle 9* im Anhang.
2) Vgl. Abbildung 30 und Tabelle 10* im Anhang.

Tabelle 5:

```
0* * * * * * * * * * * * * *    C E L L   M E A N S   * * * *
                    X18        VERAENDER, SACHKAPITAL 70-81
               BY INDSTR       INDUSTRIESTRUKTUR
                  LAGE         RAEUMLICHE LAGE
    * * * * * * * * * * * * * * * * * * * * * * * * * * * * *
-TOTAL POPULATION
0    84.42
   (   164)


0 INDSTR
            1           2           3           4
0     96.10       78.63       89.11       80.84
    (     12)  (     23)  (     55)  (     74)


0 LAGE
            1           2           3           4           5
(     87.48      84.80       87.73       86.74       77.78
    (     34)  (     38)  (     26)  (     26)  (     40)


0           LAGE
                        1           2           3           4           5
    INDSTR
            1       93.31       94.70      100.58       96.39       98.47
                (      3)  (      4)  (      2)  (      1)  (      2)

            2       89.65       76.22       73.66       90.35       70.88
                (      3)  (     15)  (      1)  (      2)  (      2)

            3       91.48       89.93       89.40       90.67       83.79
                (     13)  (     11)  (     10)  (     10)  (     11)

            4       82.42       88.91       85.55       82.42       74.03
                (     15)  (      8)  (     13)  (     13)  (     25)
```

SOURCE OF VARIATION	SUM OF SQUARES	DF	MEAN SQUARE	F	SIGNIF OF F
0 MAIN EFFECTS	6581.382	7	940.197	5.636	0.0
INDSTR	4070.274	3	1356.758	8.133	0.0
LAGE	2014.073	4	503.518	3.018	0.020
0 2-WAY INTERACTIONS	1391.954	12	115.996	0.695	0.754
INDSTR LAGE	1391.954	12	115.996	0.695	0.754
0 EXPLAINED	7973.336	19	419.649	2.516	0.001
0 RESIDUAL	24021.779	144	166.818		
0 TOTAL	31995.115	163	196.289		

0   164 CASES WERE PROCESSED.

Geographisches Institut
der Universität Kiel

Abbildung 29:

FLÄCHENBEDARF JE AK 1981 (IN m²)

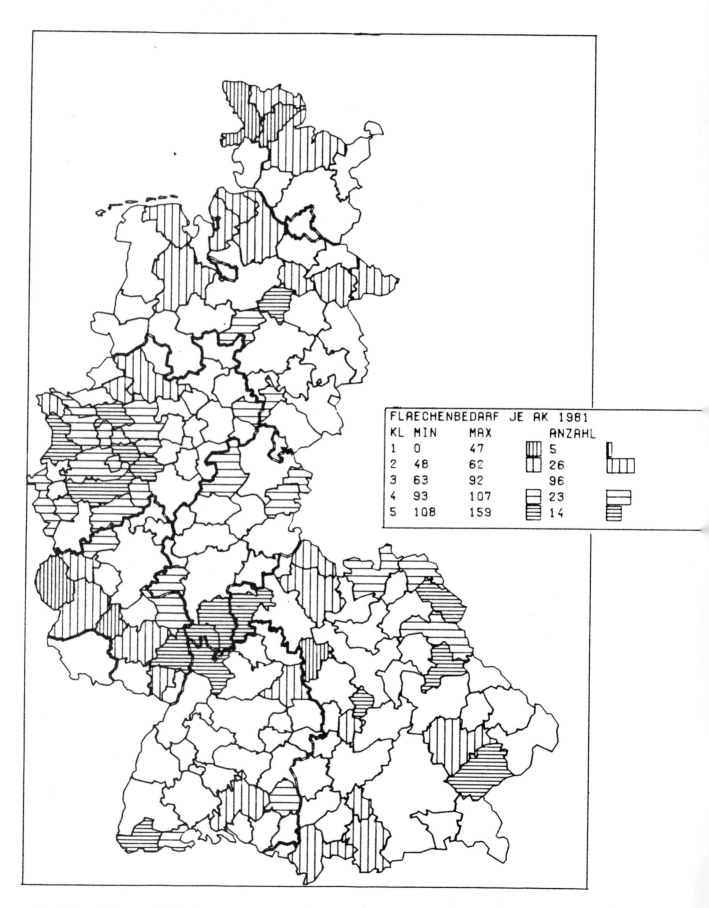

Quelle: Eigene Berechnungen

Abbildung 30:

DIREKTE ENERGIEKOSTEN 1981 (IN V. H. DES BRUTTOPRODUKTIONSWERTES)

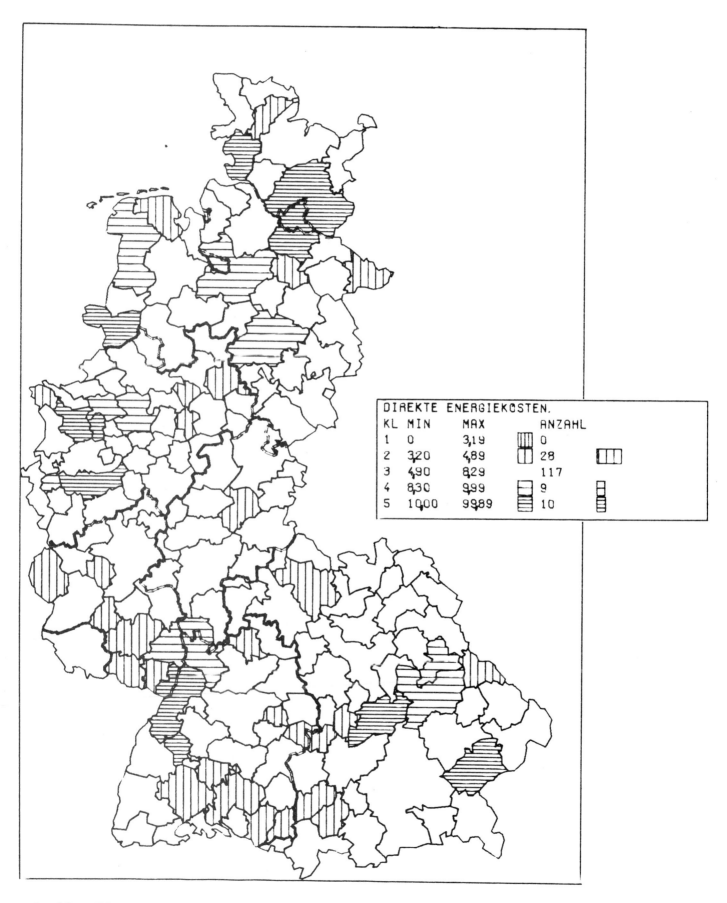

Quelle: Eigene Berechnungen

Tabelle 6:

```
0* * * * * * * * * * * * *   C E L L   M E A N S   * * * * *
                    X20      DIREKTE ENERGIEKOSTEN I.H.V. BPW 1981
                 MY INDSTR   INDUSTRIESTRUKTUR
                 LAGE        RAEUMLICHE LAGE
  * * * * * * * * * * * * * * * * * * * * * * * * * * * * *
 -TOTAL POPULATION
 0      6.63
    (   164)

 OINDSTR
           1          2          3          4
 0      7.95       7.96       5.88       6.57
    (    12)  (     23)  (    55)  (     74)

 OLAGE
           1          2          3          4          5
 0      7.68       7.00       5.49       6.06       6.51
    (    34)  (     38)  (    26)  (     26)  (    40)


 0           LAGE
                      1          2          3          4          5
       INDSTR
           1       10.72       7.73       6.70       5.35       6.79
               (     3)  (      4)  (     2)  (     1)  (     2)

           2        5.95       8.41       7.94       9.80       5.78
               (     3)  (     15)  (     1)  (     2)  (     2)

           3        5.86       5.52       5.27       5.37       7.28
               (    13)  (     11)  (    10)  (    10)  (    11)

           4        8.99       6.01       5.29       6.07       6.21
               (    15)  (      8)  (    13)  (    13)  (    25)
```

SOURCE OF VARIATION	SUM OF SQUARES	DF	MEAN SQUARE	F	SIGNI OF
OMAIN EFFECTS	165.387	7	23.627	2.160	0.04
INDSTR	80.114	3	26.705	2.442	0.06
LAGE	72.378	4	18.094	1.654	0.16
O2-WAY INTERACTIONS	142.400	12	11.867	1.085	0.37
INDSTR LAGE	142.400	12	11.867	1.085	0.37
OEXPLAINED	307.787	19	16.199	1.481	0.10
ORESIDUAL	1574.943	144	10.937		
OTOTAL	1882.730	163	11.550		

0   164 CASES WERE PROCESSED.

tungswert beim Anstieg der Energiekosten in Regionen, in denen die Mineralölverarbeitung von besonders großem Gewicht ist, wie etwa in Heide-Meldorf und Ingolstadt, bei fast 200 %, während Arbeitsmärkte des Ruhrgebietes und des Saarlandes Energiekostenanstiege hinnehmen mußten, die weniger als 50 % betragen [1].

Ähnlich deutliche Unterschiede wie bei der Belastung durch Energiekosten ergeben sich auch bei den Umweltschutzinvestitionen in Tsd. DM pro Beschäftigten. Hier sind die regionalen Arbeitsmärkte des Ruhrgebietes führend. Erstplaziert ist Recklinghausen mit einer Umweltschutzinvestition von 239,-- DM pro Beschäftigten im Jahre 1981, gefolgt von Duisburg mit 232,-- DM, während ländliche Arbeitsmärkte wie Bitburg-Prüm und Cochem-Zell mit weniger als 35,-- DM am Ende der gereihten Skala aller Untersuchungseinheiten liegen (vgl. Abbildung 32 und Tabelle 12* im Anhang).

Der Durchschnittswert über alle regionalen Arbeitsmärkte der Bundesrepublik Deutschland lag dabei 1981 bei 90,-- DM pro Arbeitskraft (vgl. Tabelle 7). Er wird von alten Industrieregionen erheblich überschritten, während die anderen Raumkategorien sich etwa im Durchschnitt befinden.

---

1) Vgl. Abbildung 31 und Tabelle 11* im Anhang.

Abbildung 31:

VERÄNDERUNG DER DIREKTEN ENERGIEKOSTEN 1970 - 1981 (IN %)

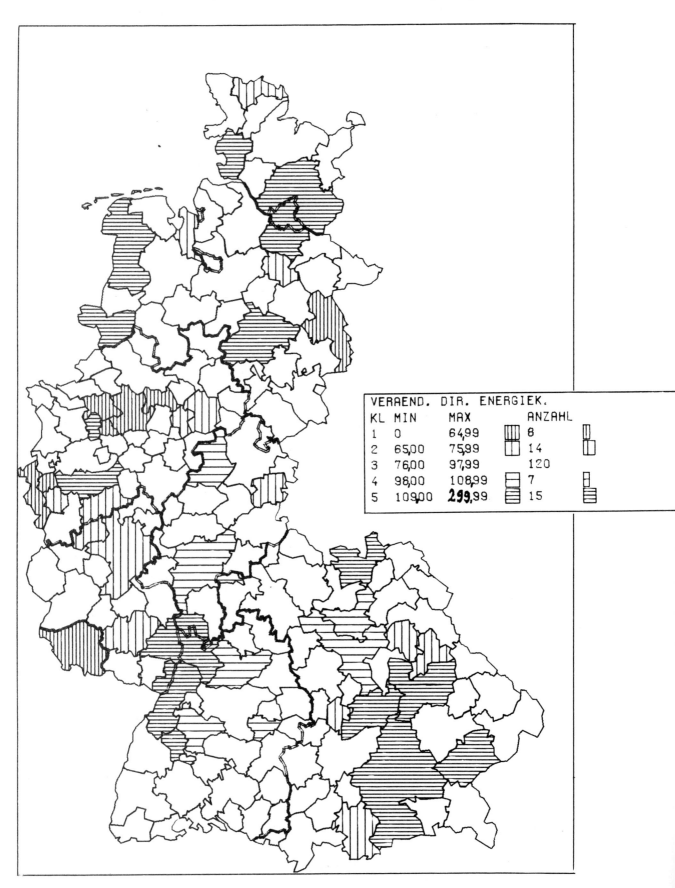

VERAEND. DIR. ENERGIEK.

KL	MIN	MAX		ANZAHL	
1	0	64,99		8	
2	65,00	75,99		14	
3	76,00	97,99		120	
4	98,00	108,99		7	
5	109,00	299,99		15	

Quelle: Eigene Berechnungen

Abbildung 32:

UMWELTSCHUTZINVESTITIONEN 1981 (IN DM) JE ERWERBSTÄTIGEN

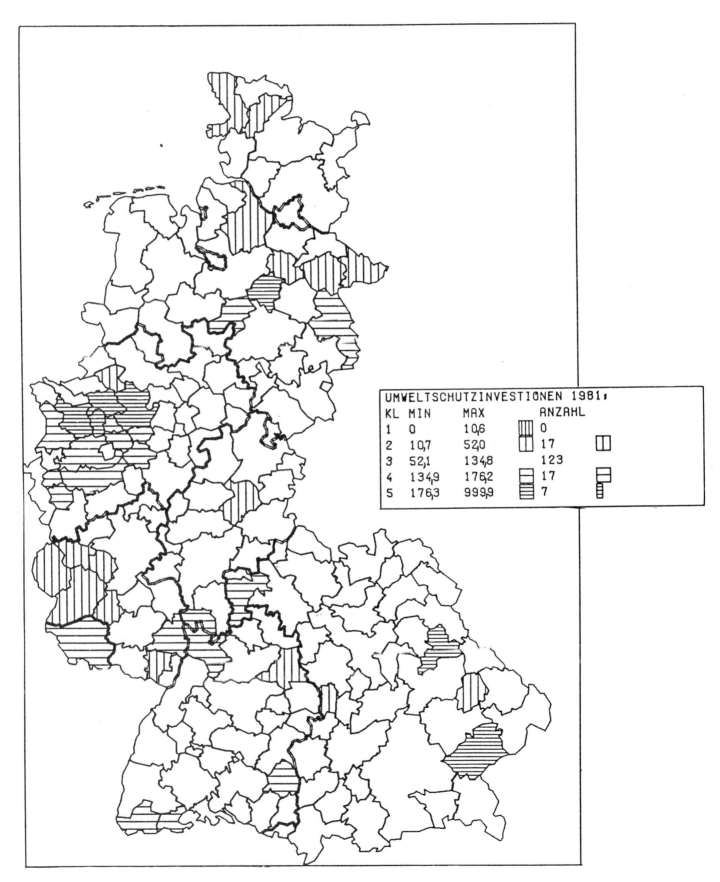

Quelle: Eigene Berechnungen

Tabelle 7:

```
0* * * * * * * * * * * * *     C E L L   M E A N S   * * * * * * * *
                X26      UMWELTSCHUTZINV. : AK 1981
              HY INDSTR   INDUSTRIESTRUKTUR
              LAGE        RAEUMLICHE LAGE
* * * * * * * * * * * * * * * * * * * * * * * * * * * * * * * * * * *
-TOTAL POPULATION
0      0.09
   (   164)
```

OINDSTR

	1	2	3	4
0	0.10	0.14	0.08	0.08
	(12)	(23)	(55)	(74)

OLAGE

	1	2	3	4	5
0	0.08	0.12	0.08	0.09	0.09
	(34)	(38)	(26)	(26)	(40)

0   LAGE

INDSTR	1	2	3	4	5
1	0.09	0.12	0.11	0.08	0.09
	(3)	(4)	(2)	(1)	(2)
2	0.11	0.15	0.16	0.14	0.09
	(3)	(15)	(1)	(2)	(2)
3	0.08	0.09	0.08	0.09	0.09
	(13)	(11)	(10)	(10)	(11)
4	0.09	0.09	0.07	0.09	0.09
	(15)	(8)	(13)	(13)	(25)

SOURCE OF VARIATION	SUM OF SQUARES	DF	MEAN SQUARE	F	SIGN OF
OMAIN EFFECTS	0.073	7	0.010	7.716	0.0
INDSTR	0.041	3	0.014	10.021	0.0
LAGE	0.008	4	0.002	1.495	0.2
02-WAY INTERACTIONS	0.012	12	0.001	0.760	0.6
INDSTR LAGE	0.012	12	0.001	0.760	0.6
OEXPLAINED	0.086	19	0.005	3.323	0.0
ORESIDUAL	0.195	144	0.001		
OTOTAL	0.281	163	0.002		

164 CASES WERE PROCESSED.

(3) Technischer Fortschritt

(3.1) Technologische Fortschrittsraten in den einzelnen Wirtschafts-
        zweigen

"Die Produktionsverfahren sind in allen Sektoren nicht nur kapitalin-
tensiver geworden, sondern erlaubten auch einen produktiveren Einsatz
von Arbeit und Kapital"[1]. Auf die Bedeutung des technologischen Fortschritts für das wirtschaftliche Wachstum weist das IfW[2] hin: "Die
Erfahrungen aus den 70er Jahren zeigen, daß eine Wirtschaft, die im
Strukturwandel herausgefordert wird, durch den technischen Fortschritt
die Mittel finden kann, die sie zur Lösung der Probleme braucht. Domi-
nierten in den 50er und 60er Jahren energie-, rohstoff- und kapital-
beanspruchende Technologien, so hat sich inzwischen mit der Mikroelek-
tronik eine Technologie in den Vordergrund geschoben, die auf allen
genannten Gebieten enorm faktorsparend und die zudem noch umweltscho-
nend ist. ... Technologische Veränderungen können, und die Entwicklung
in den 70er Jahren unterstreicht das, die "Grenzen des Wachstums" weit
hinausschieben. So konnte die Energieproduktivität in einem Maß gesteigert werden, wie es vor dem kaum für möglich gehalten wurde. In
Einzelfällen waren hier die Einsparungen so groß, daß der Strukturwandel wieder Kurs auf faktorbeanspruchende Produktionsprozesse nahm. Das
Doppelgesicht des technischen Fortschritts zeigt sich nicht zuletzt
auf dem Arbeitsmarkt. Rationalisierungsinvestitionen für sich genommen
setzen selbstverständlich Arbeitskräfte frei, aber sie schaffen zugleich
Spielraum für Preissenkungen und damit für Absatzsteigerung·und Mehr-
beschäftigung, und sie schaffen zusätzliche Arbeitsmöglichkeiten in gänz-
lich neuen Produktionsbereichen".

Diese Effizienzsteigerung heißt technischer Fortschritt; zu seiner Messung stehen eine Reihe verschiedener Indikatoren zur Verfügung.

---

1) HWWA 1980, S. 45.
2) IfW 1984, S. 4ff.

Eine erste Möglichkeit zu seiner empirischen Verifizierung besteht in
der Erfassung der sich im Zeitablauf ändernden Produktivität der Faktoren Arbeit und Kapital. "Meßziffern über die Entwicklung der Produktivität beschreiben Unterschiede zwischen der Veränderung der Produktion
und des Einsatzes einzelner Produktionsfaktoren (partielle Produktivitäten) oder des Einsatzes eines zusammengewogenen Bündels von Produktionsfaktoren (totale Faktorproduktivität). Ein Anstieg der totalen
Faktorproduktivität wird üblicherweise als technischer Fortschritt (im
Sinne einer Verschiebung der Produktionsfunktion zu technisch effizien-
teren Faktorkombinationen unabhängig von den Faktorpreisen) interpre-
tiert. Bei Änderungen der partiellen Produktivitäten kann man theoretisch unterscheiden zwischen Substitutions- oder Mechanisierungseffek-
ten"[1].

Da Fortschritts- und Substitutionseffekte in der Realität nur schwer voneinander zu trennen sind, wird der technische Fortschritt gewöhnlich
mit Hilfe der Arbeitsproduktivität gemessen, obwohl das Produktionser-
gebnis nur auf den Faktor Arbeit bezogen wird. "Die Möglichkeiten zur
Nutzung technologischer Neuerungen sind nicht überall gleich. Einer ver-
breiteten Vorstellung zur Folge ist im sekundären Sektor das technologische Potential zur Steigerung der Produktivität am höchsten, im tertiären Sektor am geringsten. Das Beispiel der Nachrichtenübermittlung
sowie der Kreditinstitute und Versicherungsunternehmen zeigt jedoch,
daß dies nicht allgemein zutrifft, denn dort sind beachtliche Produktivitätssteigerungen erzielt worden. Die unterschiedlichen Produktivitäts-
fortschritte sind somit auch vor dem Hintergrund der jeweiligen bran-
chenspezifischen technologischen Potentiale zu sehen"[2].

Im Jahr 1981 betrug die Arbeitsproduktivität (Bruttowertschöpfung: Erwerbstätige) in der bundesrepublikanischen Volkswirtschaft 47,3 Tsd. DM.
Hierbei traten Schwankungen zwischen 28 Tsd. DM bei den Organisationen
ohne Erwerbscharakter sowie im Leder-, Textil- und Bekleidungsgewerbe

---

1) HWWA 1980, S. 45.
2) IfW 1984, S. 106f.

sowie fast 100.000 DM in der Energie- und Wasserversorgung, in der
Chemie sowie bei den Banken und Versicherungen auf. Generell läßt sich
sagen, daß die Arbeitsproduktivität im sekundären Bereich höher als
im primären und tertiären Sektor ist (vgl. Abbildung 33).

Die Veränderung der Arbeitsproduktivität läßt sich relativ gut über das
Wachstum der Kapitalintensität erklären (embodied technical progress).
Ein relativ langsam wachsender Kapitalstock sowie unterdurchschnittliche
Investitionen bringen ein deutliches Zurückbleiben der Arbeitsprodukti-
vität mit sich (vgl. Abbildung 34 und 35).

Eine weitere Möglichkeit zur Messung der Innovationsfähigkeit einer Wirtschaft besteht in der Erfassung der Aufwendungen für Forschung und Entwicklung. Erhebungen des Stifterverbandes für die deutsche Wissenschaft
führten zu dem Ergebnis, daß 1981 4.770,-- DM für Forschung und Entwicklung pro Arbeitskraft aufgewendet worden sind. Hierbei liegt die Chem.
Industrie und Mineralölverarbeitung mit 10.480,-- DM an der Spitze, gefolgt von der Elektrotechnik mit 7.530,-- DM. Nur 210 bzw. 710,-- DM
FuE-Aufwendungen wurden dagegen in den Sektoren Verkehr und Nachrichtenübermittlung sowie Baugewerbe gemessen (vgl. Abbildung 36).

(3.2) Regionale Auswirkungen von intersektoral unterschiedlichen techno-
      logischen Fortschrittsraten

Der sektorale Erwartungswert bei der Höhe der Arbeitsproduktivität 1981
schwankt zwischen 50.791 und 37.453,-- DM. Führend ist dabei aufgrund
der hohen Präsenz der Chemischen- und Mineralölindustrie Köln/Leverkusen,
am Ende plaziert dagegen Nördlingen mit einen hohen Anteil der Land- und
Forstwirtschaft [1]. Neben den regionalen Arbeitsmärkten, die einen hohen
Anteil der Mineralölverarbeitung kennen, sind dabei jene führend, die neben
ihrer Lage im Verdichtungsraum durch einen hohen Anteil an Chem. Industrie
gekennzeichnet sind wie z. B. Mannheim/Ludwigshafen (vgl. Abbildung 37).

---

[1] Die Ausprägung für alle regionalen Arbeitsmärkte der Bundesrepublik
    ergibt sich aus der Tabelle 13* im Anhang.

Abbildung 33:

Arbeitsproduktivität je Erwerbstätigen in 1000 DM in den Sektoren 1981

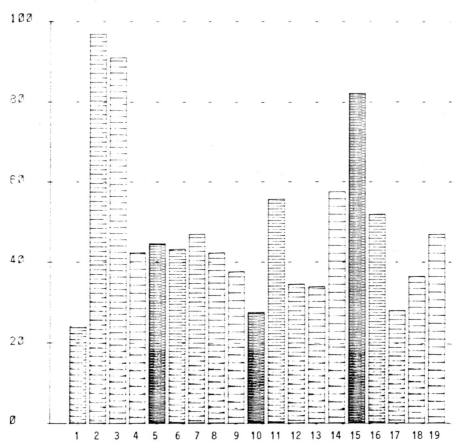

Legende:

1= Land- und Forstwirtschaft
2= Energie- u. Wasserversorgung, Bergbau
3= Chemie u. Mineralölverarbeitung
4= Kunststoff-, Gummi- u. Asbestverarb.
5= Steine und Erden, Feinkeramik u. Glas
6= Metallerzeugung u. -verarbeitung
7= Stahl-, Maschinen- u. Fahrzeugbau
8= Elektrotechnik, Feinmechanik, EBM-Waren
9= Holz-, Papier- und Druckgewerbe
10= Leder-, Textil- u. Bekleidungsgewerbe

11= Nahrungs- u. Genußmittelgewerbe
12= Baugewerbe
13= Handel
14= Verkehr u. Nachrichtenübermittlung
15= Banken und Versicherungen
16= Private Dienstleistungen
17= Organisationen ohne Erwerbscharakter
18= Staat
19= I n s g e s a m t

Quelle:

Eigene Berechnungen nach Angaben in: Ergebnisse der volkswirtschaftlichen Gesamtrechnung, Fachserie 18, Reihe 1, Konten- und Standardtabellen 1983 (Vorbericht), Wiesbaden 1984, S. 60ff. und RWI 1983 (Bd. 3), S. 5-51.

Abbildung 34:

Wachstumraten der sektoralen Arbeitsproduktivitaten 1960-1978

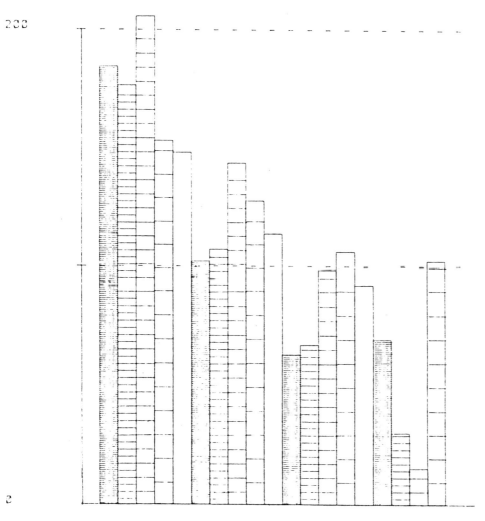

1 2 3 4 5 6 7 8 9 10 11 12 13 14 15 16 17 18 19

Legende:
 1=Land- und Forstwirtschaft   2=Energie und Wasser,Bergbau
 3=Chemie und Mineraloelverarbeitung   4=Kunststoff-,Gummi- und Asbestverarb.
 5=Steine und Erden,Feinkeramik und Glas   6=Metallerzeugung und -bearbeitung
 7-Stahl-,Maschinen- und Fahrzeugbau   8=Elektrotechnik,Feinmechanik,EBM-Waren
 9=Holz-,Papier- und Druckgewerbe   10=Leder-,Textil- und Bekleidungsgewerbe
11=Nahrungs- und Genussmittelgewerbe   12=Baugewerbe
13=Handel   14=Verkehr und Nachrichtenuebermittlung
15=Banken und Versicherungen   16=Private Dienstleistungen
17=Organisationen ohne Erwerbscharakter   18=Staat
19=Gesamt

Quelle:
Eigene Berechnungen nach Angaben in
Ergebnisse der volkswirtschaftlichen Gesamtrechnungen 1960-1976 nach Wirtschaftsbereichen und Guetergruppen,
Fachserie 18 des Stat. Bundesamtes,Reihe S3,Stuttgart und Mainz 1979
und Stat. Jahrbuecher der Bundesrepublik Deutschland der entsprechenden Jahrgaenge

Abbildung 35:

WACHSTUMSRATEN DEN ARBEITSPRODUKTIVITÄT JE ERWERBSTÄTIGEN 1978-1981 (IN %)

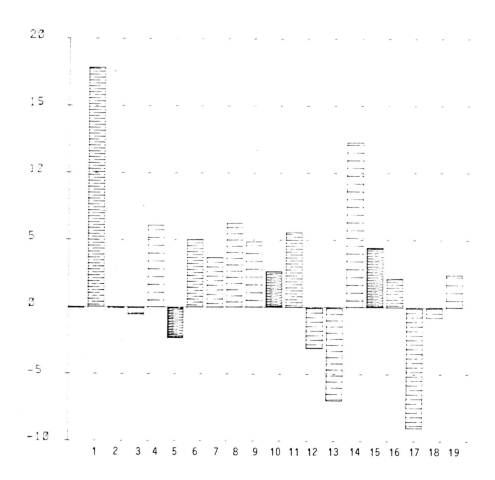

Legende:

1=Land- und Forstwirtschaft
2=Energie- u. Wasserversorg., Bergbau
3=Chemie u. Mineralölverarbeitung
4=Kunststoff-, Gummi- u. Asbestverarb.
5=Steine u. Erden, Feinkeramik u. Glas
6=Metallerzeugung u.-verarbeitung
7=Stahl-, Maschinen- u. Fahrzeugbau
8=Elektrotechnik,Feinmechanik,EBM-Waren
9=Holz-, Papier- u. Druckgewerbe
10=Leder-, Textil- u. Bekleidungsgewerbe

11=Nahrungs- u. Genußmittelgewerbe
12=Baugewerbe
13=Handel
14=Verkehr u. Nachrichtenübermittlung
15=Banken und Versicherungen
16=Private Dienstleistungen
17=Organisationen ohne Erwerbscharakter
18=Staat
19=G e s a m t

Quelle:
Eigene Berechnungen nach Angaben in: Ergebnisse der volkswirtschaftlichen Gesamtrechnung,
Fachserie 18, Reihe 1, Konten- und Standardtabellen 1983 (Vorbericht), Wiesbaden 1984,
S. 60ff. und RWI 1983 (Bd. 3),S. 5-51.

Abbildung 36:

FORSCHUNGS- U. ENTWICKLUNGSAUFWENDUNGEN JE BESCHÄFTIGTEN IN DEN SEKTOREN (IN TSD.DM) 1981

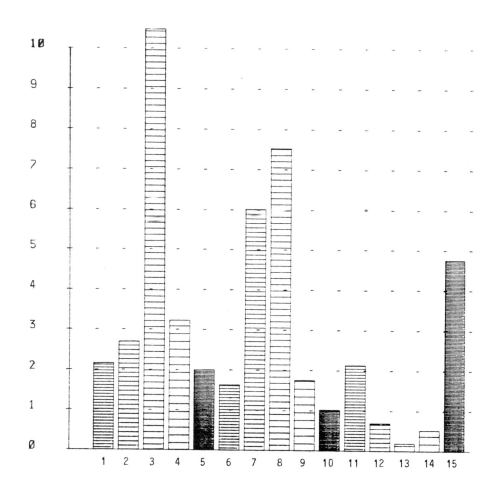

Legende:

1=Energie- u. Wasserversorgung
2=Bergbau
3=Chem. Industrie u. Mineralölverarb.
4=Kunststoff-, Gummi- u. Asbestverarb.
5=Steine u. Erden, Feinkeramik u. Glas
6=Metallerzeugung u. -verarbeitung
7=Stahl-, Maschinen- u. Fahrzeugbau
8=Elektrotechnik, Feinmechanik, EBM-Waren

9=Holz-, Papier- u. Druckgewerbe
10=Leder-, Textil- u. Bekleidungsgewerbe
11=Nahrungs- und Genußmittelgewerbe
12=Baugewerbe
13=Verkehr u. Nachrichtenübermittlung
14=Restliche Wirtschaftszweige
15=G e s a m t

Quelle:
Eigene Berechnungen nach Angaben in: Sonderdruck aus Nr. 5/83 der Mitgliederzeitung
des Stifterverbandes der Deutschen Wissenschaft.

Abbildung 37:

ARBEITSPRODUKTIVITÄT 1981 (IN TSD DM JE ERWERBSTÄTIGEN)

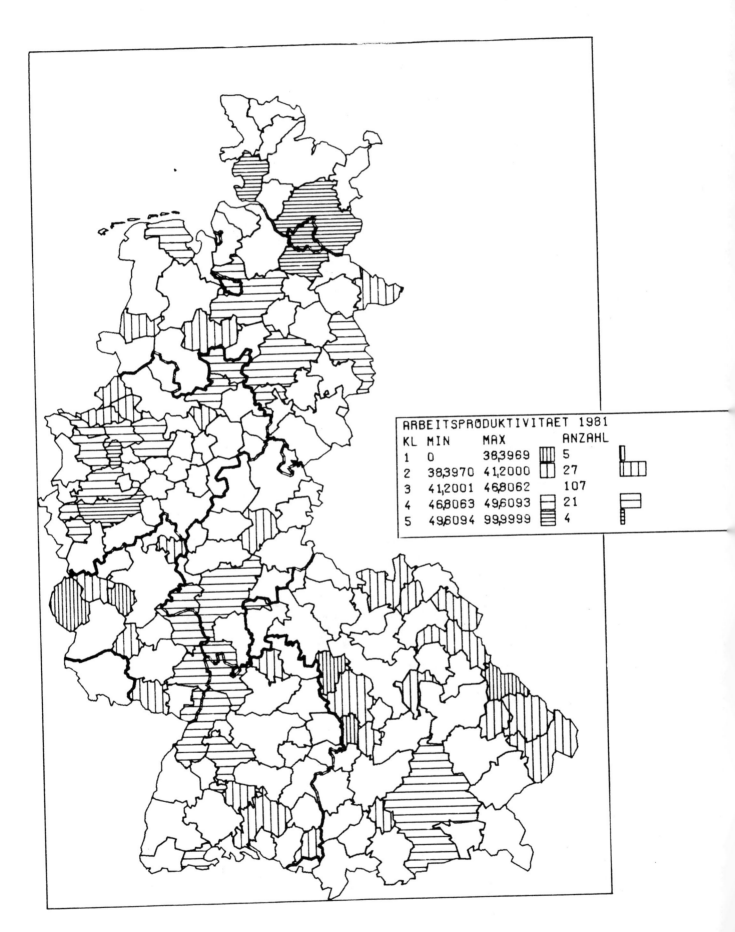

ARBEITSPRODUKTIVITAET 1981

KL	MIN	MAX		ANZAHL
1	0	38,3969		5
2	38,3970	41,2000		27
3	41,2001	46,8062		107
4	46,8063	49,6093		21
5	49,6094	99,9999		4

Quelle: Eigene Berechnungen

Bei den Raumkategorien schwanken die Arbeitsproduktivitäten zwischen 47,7 Tsd. DM bei den Dienstleistungszentren und 42,4 Tsd. DM bei den peripheren ländlichen Räumen. Spitzenreiter beim alternativen Einteilungskriterium ist Nordrhein-Westfalen mit 45,6 Tsd. DM, während Bayern mit 42,4 Tsd. DM die letzte Rangposition einnimmt (vgl. Tabelle 8).

Bei der Entwicklung der Arbeitsproduktivität ergeben sich zwischen 1970 und 1981 Schwankungen zwischen weniger als 25 % in den alten Industrieregionen der Bundesrepublik und mehr als 50 %, wobei hier Arbeitsmärkte des ländlichen Raumes durchaus in der Spitzengruppe zu finden sind (vgl. Tabelle 14* im Anhang sowie Abbildung 38).

Die hohe technologische Fortschrittsrate in der Land- und Forstwirtschaft zeigt sich auch daran, daß die peripheren ländlichen Räume einen sektoralen Erwartungswert bei der Steigerung der Arbeitsproduktivität von 42,1 % aufweisen, während die entsprechende Ausprägung in den alten Industriegebieten nur 34,7 % beträgt. Zwischen Bayern auf der einen und Nordrhein-Westfalen auf der anderen Seite beträgt der Unterschied immerhin 7 Prozentpunkte (vgl. Tabelle 9).

Aufgrund der gegebenen Sektoralstruktur sind hohe Forschungs- und Entwicklungsaufwendungen je Beschäftigten in den Großräumen Düsseldorf/Köln, Frankfurt und Stuttgart zu erwarten. Deutlich abgeschlagen sind dagegen die weitgehend landwirtschaftlich geprägten Funktionalregionen. Hierbei nehmen jene die letzten Positionen ein, in denen außerdem die Leder-, Textil- und Bekleidungsindustrie ein hohes Gewicht besitzt (Münsterland, westliches Niedersachsen, Linksrheinisches Gebiet) (vgl. Abbildung 39 und Tabelle 15* im Anhang).

Tabelle 10 gibt das Ergebnis der Varianzanalyse bei den Ausgaben für Forschung und Entwicklung je Arbeitskraft wieder. Führend sind die Industriegebiete, gefolgt von den Dienstleistungszentren, während die peripheren ländlichen Räume einen erheblichen Rückstand aufweisen. Bei den Bundesländern führt eindeutig Baden-Württemberg, das die Ausprägung der norddeutschen Küstenländer um etwa 40 % überschreitet.

Tabelle 8:

```
O* * * * * * * * * * * * * *   C E L L   M E A N S   * * * * *
                    X32        ARBEITSPROD.1981
               BY INDSTR     INDUSTRIESTRUKTUR
               LAGE          RAEUMLICHE LAGE
   * * * * * * * * * * * * * * * * * * * * * * * * * * * * * * *
-TOTAL POPULATION
0    44.00
   (   164)


OINDSTR
           1          2          3          4
0    47.69      46.29      44.35      42.43
    (    12)  (    23)  (    55)  (    74)


OLAGE
           1          2          3          4          5
0    44.81      45.55      43.09      44.09      42.39
    (    34)  (    38)  (    26)  (    26)  (    40)


0         LAGE
                     1          2          3          4          5
       IDSTR
           1      48.96      47.33      48.08      46.48      46.72
                (     3)  (     4)  (     2)  (     1)  (     2)

           2      46.68      46.31      46.16      48.73      43.24
                (     3)  (    15)  (     1)  (     2)  (     2)

           3      44.64      45.16      43.85      43.91      44.06
                (    13)  (    11)  (    10)  (    10)  (    11)

           4      43.75      43.77      41.50      43.34      41.23
                (    15)  (     8)  (    13)  (    13)  (    25)
```

SOURCE OF VARIATION	SUM OF SQUARES	DF	MEAN SQUARE	F	SIGNIF OF F
OMAIN EFFECTS	568.823	7	81.260	17.613	0.0
INDSTR	329.830	3	109.943	23.829	0.0
LAGE	96.213	4	24.053	5.213	0.001
O2-WAY INTERACTIONS	55.405	12	4.617	1.001	0.451
INDSTR LAGE	55.405	12	4.617	1.001	0.451
OEXPLAINED	624.229	19	32.854	7.121	0.0
ORESIDUAL	664.382	144	4.614		
OTOTAL	1288.611	163	7.906		

0   164 CASES WERE PROCESSED.

Abbildung 38:

WACHSTUMSRATE DER ARBEITSPRODUKTIVITÄT 1970 - 1981 (IN %)

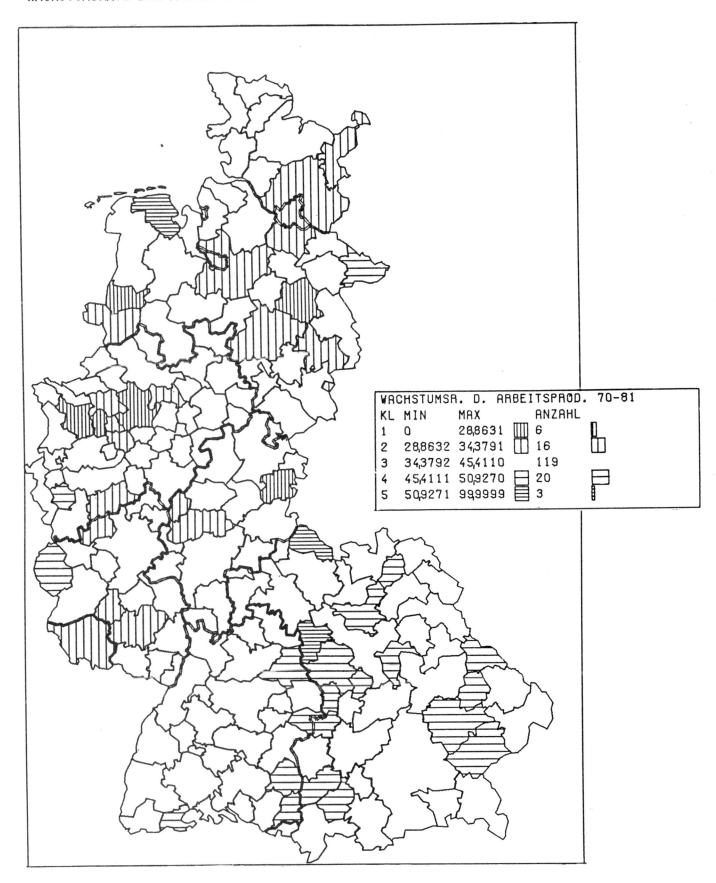

Quelle: Eigene Berechnungen

Tabelle 9:

```
0 . . . . . . . . . . . . . . C E L L   M E A N S  . . . . . . .
                    X33        VERAENDER. ARBEITSPROD.70-81
              KY INDSTR        INDUSTRIESTRUKTUR
                 LAGE          RAEUMLICHE LAGE
 . . . . . . . . . . . . . . . . . . . . . . . . . . . . . . . . . .
-TOTAL POPULATION
 0    39.90
   (   164)


0INDSTR
          1           2           3           4
 0    36.38       34.70       39.85       42.12
   (    12)  (     23)  (     55)  (     74)


0LAGE
          1           2           3           4           5
 0    37.56       37.45       38.25       41.45       44.23
   (    34)  (     38)  (     26)  (     26)  (     40)


 0         LAGE
                    1           2           3           4           5

    INDSTR
          1       33.24       35.24       38.09       38.53       40.62
               (     3)  (      4)  (      2)  (      1)  (      2)

          2       34.67       33.32       30.06       37.96       44.15
               (     3)  (     15)  (      1)  (      2)  (      2)

          3       37.77       41.05       38.17       39.80       42.66
               (    13)  (     11)  (     10)  (     10)  (     11)

          4       38.83       41.36       38.96       43.49       45.25
               (    15)  (      8)  (     13)  (     13)  (     25)
```

```
   SOURCE OF VARIATION             SUM OF              MEAN           SIGNIF
                                   SQUARES    DF       SQUARE    F     OF F
OMAIN EFFECTS                     2007.263     7       286.752  14.896  0.0
      INDSTR                       702.850     3       234.283  12.170  0.0
      LAGE                         874.195     4       218.549  11.353  0.0
O2-WAY INTERACTIONS                210.551    12        17.546   0.911  0.537
      INDSTR   LAGE                210.551    12        17.546   0.911  0.537
OEXPLAINED                        2217.813    19       116.727   6.064  0.0
ORESIDUAL                         2772.032   144        19.250
OTOTAL                            4989.845   163        30.613
 0     164 CASES WERE PROCESSED.
```

Abbildung 39:

FORSCHUNGS- UND ENTWICKLUNGSAUFWENDUNGEN JE ERWERBSTÄTIGEN (IN TSD. DM) 1981

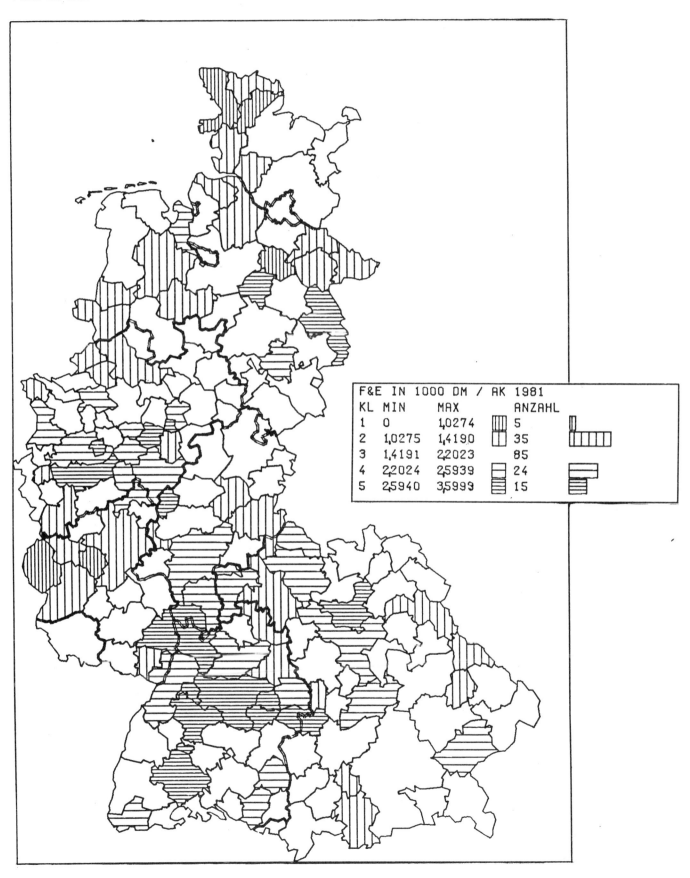

Quelle: Eigene Berechnungen

Tabelle 10:

```
0* * * * * * * * * * * * * *   C E L L   M E A N S   * * * *
                  X29        FORSCHUNG & ENTW. : AK 1981
            BY INDSTR     INDUSTRIESTRUKTUR

            LAGE        RAFUMLICHE LAGE
  * * * * * * * * * * * * * * * * * * * * * * * * * * * * * * *
  -TOTAL POPULATION
  0    1.81
     (  164)

  OINDSTR
            1          2          3          4
  0    2.04       2.14       1.86       1.63
     (    12)  (    23)  (    55)  (    74)

  OLAGE
            1          2          3          4          5
  0    1.57       1.90       1.65       2.20       1.78
     (    34)  (    38)  (    26)  (    26)  (    40)


  0          LAGE
                       1          2          3          4          5
     INDSTR
            1      1.72       2.01       2.09       2.60       2.26
                 (     3)  (     4)  (     2)  (     1)  (     2)

            2      2.33       2.13       1.68       2.51       1.83
                 (     3)  (    15)  (     1)  (     2)  (     2)

            3      1.55       1.76       1.61       2.47       2.01
                 (    13)  (    11)  (    10)  (    10)  (    11)

            4      1.40       1.62       1.60       1.92       1.64
                 (    15)  (     8)  (    13)  (    13)  (    25)
```

SOURCE OF VARIATION	SUM OF SQUARES	DF	MEAN SQUARE	F	SIGNIF OF F
OMAIN EFFECTS	12.885	7	1.841	8.940	0.0
INDSTR	5.853	3	1.951	9.475	0.0
LAGE	7.186	4	1.797	8.725	0.0
O2-WAY INTERACTIONS	2.180	12	0.182	0.882	0.567
INDSTR LAGE	2.180	12	0.182	0.882	0.567
OEXPLAINED	15.065	19	0.793	3.851	0.0
ORESIDUAL	29.650	144	0.206		
OTOTAL	44.715	163	0.274		

0   164 CASES WERE PROCESSED.

1.3. Strukturpolitische Interventionen des Staates

    a) Zur Relevanz strukturpolitischer Maßnahmen in den einzelnen
       Wirtschaftszweigen

Die Entwicklung von Sektoren sowie die sektoralen Erwartungswerte für
regionale Arbeitsmärkte werden nicht nur durch Markt-, sondern auch
durch politische Faktoren geprägt. Strukturpolitische Interventionen
des Staates stellen damit einen weiteren wichtigen Einflußfaktor für
die Sektoralentwicklung dar.

Die empirische Bestimmung der Eingriffsintensität strukturpolitischer
Maßnahmen stößt auf mehrere Schwierigkeiten:

- Strukturpolitische Maßnahmen sind nur zum Teil direkt quantifizierbar,
  etwa in Form von Subventionen und Steuervergünstigungen. Andere pro-
  zeßpolitische Maßnahmen wie z. B. die Erhebung von Zöllen lassen sich
  nur über Setzung bestimmter Hypothesen in einen quantifizierten Eingriff des Staates in den Wirtschaftsablauf eines Sektors überführen;
  noch schwieriger wird eine solche Berechnung bei ordnungspolitischen
  Maßnahmen (z. B. Marktregulierungen (Höchst-, Mindest-, Margen- oder
  Fixpreise)).

- Selbst bei der auf den ersten Blick unproblematischen Erfassung von
  Subventionen und Steuervergünstigungen ergeben sich Schwierigkeiten,
  die in der Definition dieser Finanzströme bestehen. So beinhaltet
  z. B. der Subventionsbericht der Bundesregierung die Sparförderung der
  privaten Haushalte, während etwa der Kohlepfennig keine Berücksichtigung findet.

- Vom Sektor, an dem die strukturpolitischen Maßnahmen ansetzen, gehen
  Überwälzungseffekte auf andere Wirtschaftszweige aus. So kann es sein,
  daß eine Maßnahme beim Sektor A ansetzt, von ihr aber in erster Linie
  der eng mit A verflochtene Wirtschaftszweig B profitiert. Diese Über-
  wälzungen, die sich die Strukturpolitik teilweise zunutze macht (z. B.
  Kohlepfennig, der bei der Elektrizitätswirtschaft ansetzt, aber dem
  Kohlebergbau zugute kommen soll), sind nur sehr schwer zu schätzen.

- Strukturpolitische Maßnahmen werden von den unterschiedlichsten Trä-
gern durchgeführt und bieten sich in einer breiten und kaum noch
überschaubaren Palette von Maßnahmen dar.

Trotz dieser Schwierigkeiten wird in den 5 Strukturberichten versucht,
die Entwicklung der strukturpolitischen staatlichen Eingriffe in ihrer
zeitlichen Entwicklung und sektoralen Differenzierung quantitativ dar-
zustellen [1]. Die gewonnenen Ergebnisse sind weitgehend konsistent;
hier wird im folgenden auf die Zahlen des IfW zurückgegriffen [2].

"Im Vergleich zu früher fällt es vielen Unternehmern heute schwerer,
Einkommen am Markt zu erzielen. Wie nie zuvor wird derzeit die öffent-
liche Hand in ihrer Eigenschaft als Verteiler von Transfereinkommen
(Subventionen) bedrängt. Wie es scheint, sind die Opportunitätskosten
zur Erlangung von Finanzhilfen und Steuervergünstigungen soweit gesunken, daß es für Unternehmer und Unternehmen lohnend ist, ihren Vorteil
bei der bestmöglichen Nutzung staattlicher Hilfen zu suchen, statt beim
Aufspüren und Nutzen von Marktchancen. Der Staat fördert durch seine
Freigiebigkeit eine solche Subventionsmentalität.

Es ist strittig, was als Subvention anzusehen ist. ... Erwartungsgemäß
ergeben sich (zwischen den Ergebnissen der volkswirtschaftlichen Gesamtrechnung, den Subventionsberichten und den vom Institut für Weltwirtschaft errechneten Subventionen d. V.) teilweise erhebliche Niveauunter-
schiede; überraschend ist demgegenüber der weitgehende Gleichlauf in
der Zeit. So nahmen die Subventionen in der Abgrenzung der volkswirtschaftlichen Gesamtrechnung im Durchschnitt der Jahre 1973-1981 um
7,4 v. H., nach den Subventionsberichten um 6,5 v. H. und in der des
IfW um 7,8 v. H. zu. In der gleichen Zeit erhöhten sich die Einkommen
(Nettowertschöpfung) der subventionierten Bereiche um 6,4 v. H. und die
Steuereinnahmen der Gebietskörperschaften um 6,3 v. H.. Welche der Sub-

---

1) Vgl. HWWA 1980, S. 200ff., IfW 1980, S. 242ff., RWI 1980 (Bd. I),
   S. 100ff., Ifo 1980, S. 246ff., DIW 1980, S. 223ff., IfW 1984,
   S. 215ff., DIW 1984, S. 56ff., und RWI 1983, S. 198ff.
2) IfW 1984, S. 217.

ventionsdefinitionen man auch immer zugrundelegt, es zeigt sich deutlich, daß in den 70er Jahren das Subventionsvolumen schneller als die wirtschaftliche Leistung der Subventionsnehmer und auch schneller als die steuerlichen Einnahmen der Subventionsgeber stieg. Anfang der 80er Jahre hat sich zwar im Zusammenhang mit der Haushaltskonsolidierung dieser Trend etwas abgeflacht, doch sind 1982/83 neue gewichtige Subventionsprogramme (Eisen- und Stahlindustrie) haushaltswirksam geworden, die 1984 noch einmal aufgestockt werden sollen (Kohlebergbau)" [1].

Dabei zeigt sich eine starke sektorale Konzentrierung der staatlichen Eingriffe. Deutliche Schwergewichte weisen sich im Bereich Land- und Forstwirtschaft (Anteil von 14,3 % an den staatlichen Hilfen), im Bergbau (5,5 %), bei der Deutschen Bundesbahn (13,1 %) und beim Wohnungswesen (17,6 %) auf [2].

Bezieht man die staatlichen Finanzhilfen und Steuervergünstigungen auf die Menge der Erwerbstätigen, so stellt sich der höchste Wert für den Bergbau ein. Im Jahr 1981 betrugen die Subventionen je Arbeitskraft 23.828,-- DM; sie lagen damit etwa 6 mal so hoch wie in der Volkswirtschaft insgesamt (3.909,-- DM je Arbeitskraft). Auf den nächsten Positionen folgen Verkehr und Nachrichtenübermittlung (14.499,-- DM; hierbei Eisenbahn 37.835,-- DM) und die Organisationen ohne Erwerbscharakter (19.700,-- DM) (vgl. Abbildung 40).

Abbildung 41 bringt die Wachstumsrate der Finanzhilfe und Steuervergünstigungen je Erwerbstätigen zwischen 1978 und 1981 zum Ausdruck. Hier zeigen sich erhebliche sektorale Umgewichtungen. So stiegen die Subventionen pro Arbeitskraft in der Metallerzeugung und -verarbeitung um mehr als 70 % an, während sie im Bergbau, in Verkehr und Nachrichtenübermittlung sowie bei den Banken und Versicherungen sogar leicht rückläufig waren.

---

1) IfW 1984, S. 108f.
2) Werte für 1981 nach Angaben des IfW 1984, S. 217.

Abbildung 40:

Finanzhilfen und Steuervergünstigungen (Subventionen) je Erwerbstätigen
in den Sektoren 1981

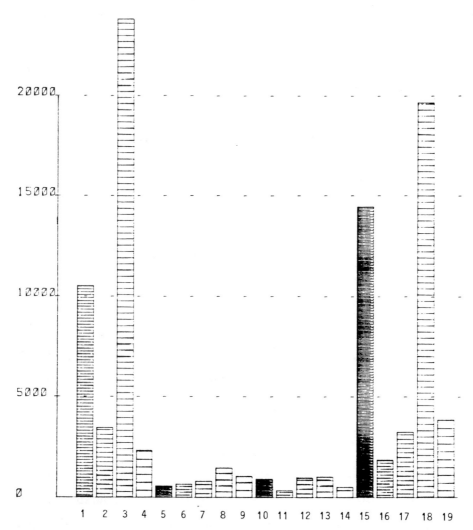

Legende:

1=Land- und Forstwirtschaft
2=Energie- u. Wasserversorgung
3=Bergbau
4=Chemie- u. Mineralölverarbeitung
5=Kunststoff-, Gummi- u. Asbestverarb.
6=Steine u. Erden, Feinkeramik u. Glas
7=Metallerzeugung u. -verarbeitung
8=Stahl-, Maschinen- u. Fahrzeugbau
9=Elektrotechnik, Feinmechanik, EBM-Waren
10=Holz-, Papier- u. Druckgewerbe

11=Leder-, Textil- u. Bekleidungsgewerbe
12=Nahrungs- u. Genußmittelgewerbe
13=Baugewerbe
14=Handel
15=Verkehr u. Nachrichtenübermittlung
16=Banken und Versicherungen
17=Private Dienstleistungen
18=Organisationen ohne Erwerbscharakter
19=G e s a m t

Quelle:
Eigene Berechnungen nach Angaben des IfW 1984, S. 217.

Abbildung 41:

WACHSTUMSRATE FINANZHILFEN UND STEUERVERGÜNSTIGUNGEN (SUBVENTIONEN) JE ERWERBSTÄTIGEN
1978 - 1981 (IN %)

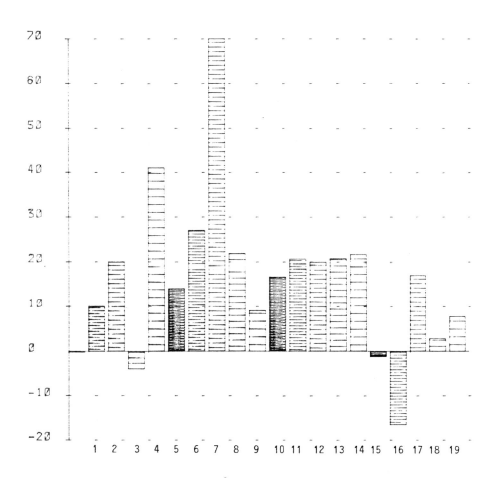

Legende:

1=Land- und Forstwirtschaft
2=Energie- u. Wasserversorgung
3=Bergbau
4=Chemie- u. Mineralölverarbeitung
5=Kunststoff-, Gummi- u. Asbestverarb.
6=Steine u. Erden, Feinkeramik u. Glas
7=Metallerzeugung u. -verarbeitung
8=Stahl-, Maschinen- u. Fahrzeugbau
9=Elektrotechnik, Feinmechanik, EBM-Waren
10=Holz-, Papier- u. Druckgewerbe

11=Leder-, Textil- u. Bekleidungsgewerbe
12=Nahrungs- und Genußmittelgewerbe
13=Baugewerbe
14=Handel
15=Verkehr und Nachrichtenübermittlung
16=Banken und Versicherungen
17=private Dienstleistungen
18=Organisationen ohne Erwerbscharakter
19=G e s a m t

Quelle:
Eigene Berechnungen nach Angaben des IfW 1984, S. 217.

b) Regionale Auswirkungen von intersektoral unterschiedlichen
   strukturpolitischen Interventionen des Staates

Aufgrund der hohen Subventionierung des Bergbaus ist in den regionalen
Arbeitsmärkten des Ruhrgebietes die größte Relation von Finanzhilfen und
Steuervergünstigungen je Erwerbstätigen zu erwarten. Diese Hypothese bestätigt sich bei einem Blick auf Abbildung 42 und Tabelle 16*. Auf den
ersten fünf Rangpositionen liegen mit Recklinghausen (6.281,-- DM Subventionen pro Arbeitskraft), Dortmund (4.852,-- DM) und Hamm-Beckum
(4.841,-- DM) drei regionale Arbeitsmärkte dieses Wirtschaftsraumes.

Die Räume mit einem großen Gewicht an der Land- und Forstwirtschaft liegen im vorderen Mittelfeld der gereihten regionalen Arbeitsmärkte, während die großen Dienstleistungszentren sowie jene Räume, in denen die
übrigen Sektoren des verarbeitenden Gewerbes ein großes Gewicht haben,
die hinteren Rangplätze einnehmen.

Tabelle 11 zeigt das Ergebnis der Varianzanalyse bei diesem Kriterium.
Deutlich kommt der hohe Bedeutungsgrad von Subventionen für den ländlichen Raum zum Ausdruck, während dies für die alten Industriegebiete
nicht in gleicher Weise der Fall ist. Verantwortlich hierfür ist, daß
zu den alten Industriegebieten nicht nur jene gezählt werden, die durch
Kohle und Stahl geprägt werden, sondern auch solche, in denen etwa die
Chem. Industrie, der Maschinen- und Fahrzeugbau oder die Elektrotechnik
ein hohes Gewicht besitzen.

Abbildung 43 sowie Tabelle 17* im Anhang bringen die Wachstumsrate der
Finanzhilfen und Steuervergünstigungen je Erwerbstätigen im Zeitraum
von 1978 bis 1981 zum Ausdruck. Führend sind hier die durch Chemie
und (oder) Metallindustrie geprägten regionalen Arbeitsmärkte (südl.
Ruhrgebiet, Mannheim/Ludwigshafen), während die Kohlegebiete (nördl.
Ruhrgebiet, Saarland) und viele ländliche Räume (Eifel, große Teile
Bayerns) deutliche Abstände aufweisen.

Abbildung 42:

FINANZHILFEN UND STEUERVERGÜNSTIGUNGEN (SUBVENTIONEN) IN DM JE ERWERBSTÄTIGEN 1981

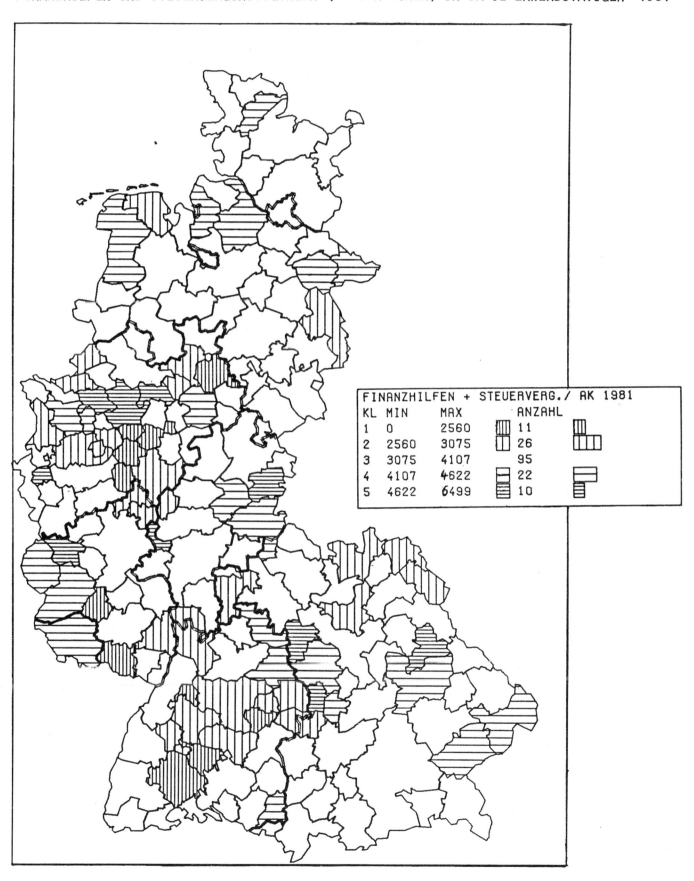

Quelle: Eigene Berechnungen

Tabelle 11:

```
O*  *  *  *  *  *  *  *  *  *  *  *    C E L L   M E A N S   *  *  *  *  *
                    X35        FINANZHILFEN U. STEUERV.G.: AK 1981
              HY INDSTR     INDUSTRIESTRUKTUR
                 LAGE       RAEUMLICHE LAGE
  *  *  *  *  *  *  *  *  *  *  *  *  *  *  *  *  *  *  *  *  *  *  *  *  *  *  *
-TOTAL POPULATION
0   3591.49
   (    164)


OINDSTR
            1          2          3          4
0    3351.00    3544.29    3402.56    3785.59
    (    12)   (    23)   (    55)   (    74)


OLAGE
            1          2          3          4          5
0    3731.15    3520.75    3692.61    3233.23    3707.14
    (    34)   (    38)   (    26)   (    26)   (    40)


0          LAGE
                   1          2          3          4          5
    INDSTR

        1     3636.38    3311.45    3343.26    2841.69    3264.45
             (     3)   (     4)   (     2)   (     1)   (     2)

        2     3224.90    3669.40    4130.75    3136.53    3199.57
             (     3)   (    15)   (     1)   (     2)   (     2)

        3     3669.92    3288.17    3516.07    2923.37    3533.39
             (    13)   (    11)   (    10)   (    10)   (    11)

        4     3904.42    3666.46    3848.46    3516.57    3859.60
             (    15)   (     8)   (    13)   (    13)   (    25)
```

SOURCE OF VARIATION	SUM OF SQUARES	DF	MEAN SQUARE	F	SIGNIF OF F
OMAIN EFFECTS	10246487.951	7	1463783.993	3.248	0.003
INDSTR	5255160.717	3	1751720.239	3.887	0.010
LAGE	4750061.487	4	1187515.372	2.635	0.037
O2-WAY INTERACTIONS	2370999.237	12	197583.270	0.438	0.945
INDSTR LAGE	2370999.237	12	197583.270	0.438	0.945
OEXPLAINED	12617487.188	19	664078.273	1.473	0.103
ORESIDUAL	64902660.100	144	450712.917		
OTOTAL	77520147.288	163	475583.726		

0   164 CASES WERE PROCESSED.

Abbildung 43:

WACHSTUMSRATE DER FINANZHILFEN UND STEUERVERGÜNSTIGUNGEN (SUBVENTIONEN)

JE ERWERBSTÄTIGEN 1978 - 1981 (IN %)

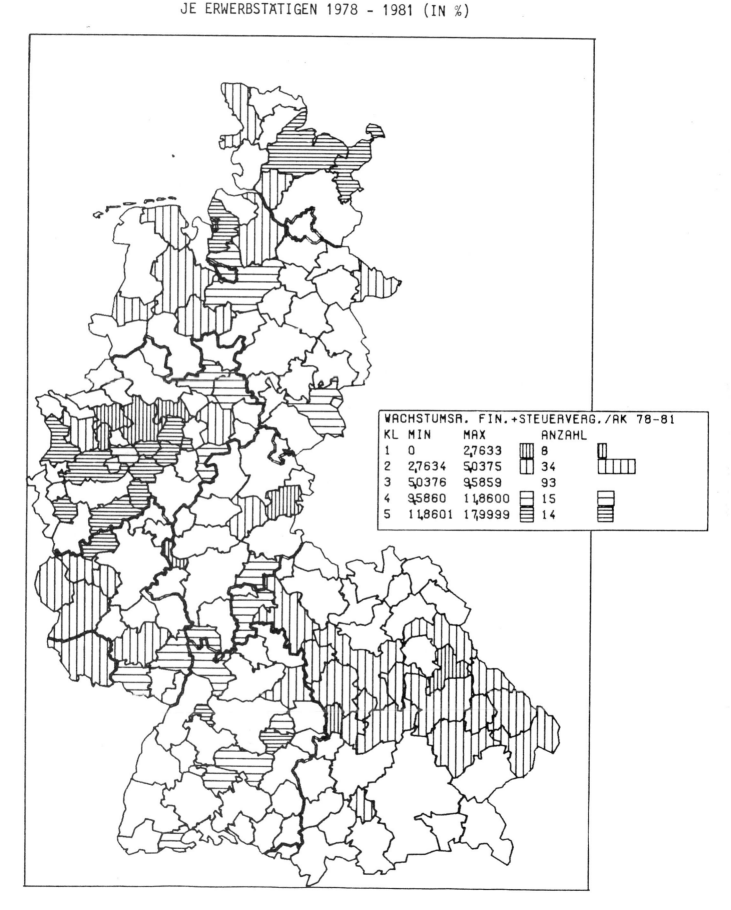

Quelle: Eigene Berechnungen

2. Interdependenzen zwischen den Entwicklungsdeterminanten

Die oben dargestellten Entwicklungsdeterminanten des sektoralen und
regionalen Strukturwandels sind nicht unabhängig voneinander, sondern
stehen in wechselseitiger Beziehung. Aus diesem Grund bietet es sich
an, ihre korrelativen Beziehungen zu untersuchen und eine Informations-
verdichtung mit Hilfe einer Faktorenanalyse vorzunehmen. In sie gehen
jene Variable ein, die als besonders informativ angesehen werden. Ihre
Bezeichnungen, Mittelwerte und Standardabweichungen gehen aus Tabelle
12 hervor, ihre korrelativen Beziehungen aus der Tabelle 13.

Führt man über diese 27 Kriterien eine Faktorenanalyse durch und bestimmt hierbei so viele Faktoren, wie sich Eigenwerte größer als 1 ergeben (Eigenwertkriterium), so zeigt sich, daß die in ihnen steckende
Information (weitestgehend) durch 6 Faktoren ausgedrückt werden kann,
deren Ladungen aus der Tabelle 14 ersichtlich werden. Mit Hilfe dieses
statistischen Verfahrens gelingt es also, die in den einzelnen Variablen
steckende Information wesentlich zu komprimieren.

Der Faktor 1, der 33 % der Varianz der Einzelvariablen erklärt, wird
besonders hoch durch die Kapitalintensität, die Höhe der Umweltschutzinvestitionen, die Fläche je Arbeitskraft, das Einkommen aus unselbständiger Arbeit, die Höhe der Energiekosten und die Arbeitsproduktivität
geladen. Höhere negative Faktorenladungen ergeben sich dagegen bei der
Veränderung des Einkommens aus unselbständiger Arbeit sowie den Wachstumsraten von Kapitalintensität und Arbeitsproduktivität. Diese Ausprägungen erlauben, ihn als (Alt-)industriefaktor zu bezeichnen. Entsprechend finden sich die höchsten Faktorenwerte in den Industriegebieten
der Bundesrepublik Deutschland (vgl. Abbildung 44). Führend ist Duisburg mit einem Faktorenwert von 4,551, gefolgt von Recklinghausen und
Dortmund mit Ausprägungen von 2,425 und 2,139 [1]. Am anderen Ende der

1) Die genauen Ausprägungen der Faktorenwerte gehen aus der Tabelle 18*
   im Anhang hervor.

Tabelle 12: Mittelwerte und Standardabweichungen der in die Faktorenanalyse eingehenden Variablen

VARIABLE	MEAN	STANDARD DEV	CASES
VERAEND. NACHFRAGE 1970-1981	23.8774	5.9879	164
VERAENDERUNG SEKTORALE PREISRELATION 70-81	99.4230	3.1925	164
VERAEND. BRUTTOWERTSCHOEPFUNG 70-81	30.2910	4.6231	164
VERAEND. ERWERBSTAETIGE 70-81	-5.1216	4.7271	164
EINKOMMEN AUS UNSELBST.ARBEIT 1970	91.3554	12.0184	164
EINKOMMEN AUS UNSELBST.ARBEIT 1981	93.3690	8.8998	164
VERAEND. EINK. A. UNSELB. ARB 70-81	156.5562	10.0183	164
VERAENDER. SACHKAPITAL 70-81	84.4168	14.0103	164
DIREKTE ENERGIEKOSTEN I.H.V. BPW 1970	3.4827	1.2940	164
DIREKTE ENERGIEKOSTEN I.H.V. BPW 1981	6.6330	3.3986	164
VERAEND. DIREKTE ENERGIEK. I.H.V. BPW 70-81	87.5550	22.3470	164
KAPITALINTENSITAET 1970	20.5076	2.5597	164
KAPITALINTENSITAET 1981	34.6157	3.3295	164
VERAEND. KAPITALINTENSITAET 70-81	69.3970	6.8500	164
UMWELTSCHUTZINV. ; AK 1978	0.0696	0.0330	164
UMWELTSCHUTZINV. ; AK 1981	0.0935	0.0415	164
VERAEND. UMWELTSCHUTZINV.:AK 78-81	36.1340	12.9357	164
FORSCHUNG & ENTW. : AK 1977	1.2640	0.4592	164
FORSCHUNG & ENTW. : AK 1981	1.8100	0.5238	164
VERAEND. FORSCH. & ENTW. : AK 77-81	46.9360	12.0313	164
ARBEITSPROD.1970	31.5330	2.7407	164
ARBEITSPROD.1981	44.0030	2.8117	164
VERAENDER. ARBEITSPROD.70-81	39.8950	5.5329	164
FINANZHILFEN U. STEUERV.G.: AK 1978	3361.0540	709.6255	164
FINANZHILFEN U. STEUERV.G.: AK 1981	3591.4924	689.6258	164
VERAEND. FINANZH. U. STEUERV. ; AK 78-81	7.3110	3.0415	164
FLAECHE : AK 1981	0.0070	0.0020	164

Tabelle 13: Korrelationskoeffizienten

CORRELATION COEFFICIENTS..

		x3	x6	x9	x12	x13	x14	x15	x18	x19	x20	x21	x22	x23	x24
x3	VERAEND. NACHFRAGE 1970-1981														
x6	VERAENDERUNG SEKTORALE PREISRELATION 70-81														
x9	VERAEND. BRUTTOWERTSCHOEPFUNG 70-81														
x12	VERAEND. ERWERBSTAETIGE 70-81														
x13	EINKOMMEN AUS UNSELBST.ARBEIT 1970														
x14	EINKOMMEN AUS UNSELBST.ARBEIT 1981														
x15	VERAECHD. EINK. A. UNSELB. ARB 70-81														
x18	VERAENDER. SACHKAPITAL 70-81														
x19	DIREKTE ENERGIEKOSTEN I.H.V. BPM 1970														
x20	DIREKTE ENERGIEKOSTEN I.H.V. BPM 1981														
x21	VERAEND. DIREKTE ENERGIEK. I.H.V. BPM 70-81														
x22	KAPITALINTENSITAET 1970														
x23	KAPITALINTENSITAET 1981														
x24	KAPITALINTENSITAET 70-81														
x25	UMWELTSCHUTZINV. i AK 1978														
x27	UMWELTSCH.-UMWELTSCHUTZINV.iAK 78-81														
x28	FORSCHUNG & ENTW. i AK 1977														
x29	FORSCHUNG & ENTW. i AK 1981														
x30	FORSCHD. FORSCH. & ENTW. i AK 77-81														
x31	ARBEITSPROD.1981														
x32	ARBEITSPROD.-ARBEITSPROD.70-81														
x33	VERAENDER.ARBEITSPROD.70-81														
x34	FINANZHILFEN U. STEUERV.G.i AK 1978														
x35	FINANZHILFEN U. STEUERV.G.i AK 1981														
x36	VERAEND. FINANZ. U. STEUERV. i AK 78-81														
x37	FLAECHE i AK 1981														

nach Tabelle 13:

VERAEND. NACHFRAGE 1970-1981

	X25	X26	X27	X28	X29	X30	X31	X32	X33	X34	X35	X36	X37
X3 VERAENDERUNG SEKTORALE PREISRELATION 70-	-0.10632	-0.11427	0.12230	0.10850	0.11113	-0.12407	0.07273	0.25217	0.28404	-0.02008	-0.01277	-0.03592	-0.14468
X6 VERAEND. BRUTTOWERTSCHOEPFUNG 70-81	-0.03946	-0.09643	-0.19753	-0.28691	-0.30032	-0.27688	0.44670	0.12526	-0.06996	-0.21526	0.22572	-0.06278	-0.20800
X9 VERAEND. ERWERBSTAETIGE 70-81	-0.13783	-0.11000	0.23353	0.20071	0.17298	-0.27252	0.16458	0.27770	-0.22084	-0.17381	-0.15401	0.16670	-0.16810
X12 EINKOMMEN AUS UNSELBST.ARBEIT 1970	0.35122	0.11334	0.02987	0.14993	0.12671	-0.21342	-0.14404	0.55844	-0.03311	-0.14717	-0.13158	0.19236	-0.01906
X13 EINKOMMEN AUS UNSELBST.ARBEIT 1981	0.55938	0.61018	0.04084	0.54723	0.55708	0.50953	0.72810	0.65207	-0.00595	-0.35971	-0.35510	0.37861	-0.00705
X15 VERAENDER. EINK. A. UNSELB. ARB 70-81	0.48316	-0.05052	0.03671	0.60796	0.62246	0.37279	0.72379	0.61476	-0.53959	-0.36521	-0.35679	-0.04281	0.31017
X18 VERAEUDER. SACHKAPITAL 70-81	-0.72197	-0.38274	0.11792	0.03404	0.00000	0.00080	0.03856	0.20243	0.71256	-0.35073	-0.25431	0.29931	-0.43914
X19 DIREKTE ENERGIEKOSTEN I.M.V. BPM 1970	0.72197	0.05512	-0.29883	0.01822	0.03671	0.31017	0.51772	0.20243	0.02393	-0.22794	-0.18865	0.36523	-0.04737
X20 DIREKTE ENERGIEKOSTEN I.M.V. BPM 1981	0.25017	0.45761	0.42859	0.01048	0.02413	0.01405	0.48044	0.47183	0.30070	0.34667	0.34915	-0.17270	-0.27216
X21 VERAEND. DIREKTE ENERGIEK. I.H.V. BPM 70	0.12207	-0.01923	-0.44138	0.04293	-0.04059	-0.06817	0.12260	0.47183	-0.28136	-0.15749	0.15442	-0.11913	0.29519
X22 KAPITALINTENSITAET 1970	0.88372	0.89244	-0.12952	0.10413	0.14901	0.11409	0.51480	0.51257	0.20965	-0.21845	-0.22611	-0.22659	0.25913
X23 KAPITALINTENSITAET 1981	0.86597	0.8231	-0.08106	0.15396	0.18729	0.17083	0.51600	0.10685	0.03739	0.34154	0.33119	0.04461	0.03230
X24 VERAEND. KAPITALINTENSITAET 70-81	-0.35832	-0.24458	0.19709	0.07938	0.18729	0.08338	-0.21054	-0.06042	-0.11075	0.32180	-0.21428	0.13855	0.63000
X25 UMWELTSCHUTZINV. I AK 1970	1.00000	0.96404	-0.29234	0.36713	0.40069	-0.08348	-0.21570	-0.42529	0.49128	-0.24364	0.33792	0.30177	-0.43434
X26 UMWELTSCHUTZINV. I AK 1981	0.96404	1.00000	-0.05154	0.38842	0.42081	-0.32070	-0.63735	0.63370	-0.32808	-0.06592	-0.06974	0.07499	-0.70450
X27 VERAEND. UMWELTSCHUTZINV. I AK 70-81	-0.29254	-0.03134	1.00000	0.01733	-0.00263	-0.07645	0.13024	-0.08786	0.30404	0.06592	0.07678	-0.00227	0.78506
X28 FORSCHUNG & ENTW. I AK 1977	0.36713	0.38842	0.01733	1.00000	0.99342	0.88288	0.22040	0.38304	0.17155	0.02965	0.03147	0.09367	-0.37384
X29 FORSCHUNG & ENTW. I AK 1981	0.42069	0.42081	-0.00263	0.99342	1.00000	0.85250	0.33262	0.39967	0.09151	0.51487	-0.51604	0.41457	0.38723
X30 VERAEND. FORSCH. & ENTW. I AK 77-81	-0.52070	-0.60735	-0.09463	0.88288	0.85250	1.00000	0.31816	0.27747	0.09322	-0.51478	-0.51396	-0.34566	-0.36735
X31 ARBEITSPROD.1970	0.25070	0.60735	-0.13024	0.32640	0.39967	0.37747	1.00000	0.50100	-0.73248	0.43261	0.43242	0.23752	0.12755
X32 ARBEITSPROD.1981	0.63370	0.62229	-0.08786	0.38804	0.33262	-0.31816	0.50100	1.00000	1.00000	-0.07838	-0.05615	-0.30126	-0.28104
X33 VERAENDER. ARBEITSPROD.70-81	0.12500	-0.30466	0.17435	0.39151	0.39967	0.37747	0.62100	-0.30799	0.36799	-0.10447	-0.07071	-0.07644	-0.12751
X34 FINANZHILFEN U. STEUERV.G.I AK 1978	0.08230	0.06592	-0.03965	0.32640	-0.09320	-0.71240	-0.73120	-0.17447	0.04067	1.00000	0.04760	-0.71392	0.30064
X35 FINANZHILFEN U. STEUERV.G.I AK 1981	0.05974	-0.07478	0.03147	-0.31689	-0.51478	-0.07830	-0.05615	0.17071	0.04960	0.99444	1.00000	-0.64187	-0.19411
X36 VERAEND. FINANZH. U. STEUERV. I AK 78-81	0.07999	0.09367	0.00427	-0.31604	0.41484	0.43561	0.13752	-0.12126	-0.07644	-0.71392	-0.64187	1.00000	-0.14737
X37 FLAECHE I AK 1981	0.79459	0.78286	-0.20799	0.37258	0.40963	-0.42555	0.37433	0.39064	0.19411	-0.13146	-0.14757	0.21105	1.00000

Tabelle 14: varimax-rotierte Faktorenmatrix

VERÄEND. NACHFRAGE 1970-1981

	FACTOR 1	FACTOR 2	FACTOR 3	FACTOR 4	FACTOR 5	FACTOR 6
VERAENDERUNG SEKTORALE PREISRELATION 70-81	-0.01407	-0.15076	0.07525	0.07330	0.00074	0.01795
VERÄEND. BRUTTOWERTSCHOEPFUNG 70-81	-0.25657	0.75265	0.24993	-0.23296	-0.06755	0.26115
VERAEND. ERWERBSTAETIGE 70-81	-0.04369	0.62524	-0.09584	0.11277	0.93660	-0.13630
EINKOMMEN AUS UNSELBST.ARBEIT 1970	0.03262	0.78731	-0.08651	0.03546	0.51833	-0.02498
EINKOMMEN AUS UNSELBST.ARBEIT 1981	0.49722	0.60629	0.37251	0.36983	-0.08898	0.16755
VERAEND. EINK. A. UNSELB. ARB 70-81	0.51853	0.54887	0.35343	0.43135	-0.02102	0.16923
VERAENDER. SACHKAPITAL 70-81	-0.36425	-0.67602	0.39447	-0.19243	0.15887	0.11114
DIREKTE ENERGIEKOSTEN I.H.V. BPW 1970	-0.41065	0.27290	-0.20073	-0.02177	0.65326	-0.07994
DIREKTE ENERGIEKOSTEN I.H.V. BPW 1981	0.56627	0.31762	0.32311	0.02020	-0.09613	0.57615
VERAEND. DIREKTE ENERGIEK. I.H.V. BPW 70-81	0.39440	0.16959	0.17101	0.00788	0.02561	0.83778
KAPITALINTENSITAET 1970	-0.01237	-0.10786	-0.15934	0.01768	0.13256	0.84248
KAPITALINTENSITAET 1981	0.93546	0.10198	0.24816	0.01893	0.11674	0.08539
VERAEND. KAPITALINTENSITAET 70-81	0.92940	0.00969	0.23576	0.06354	0.09979	0.12621
UMWELTSCHUTZINV. : AK 1978	0.55070	0.27720	0.16056	0.10931	0.52432	0.00675
UMWELTSCHUTZINV. : AK 1981	0.83899	0.16714	0.00588	0.22223	0.09964	0.25468
VERAEND. UMWELTSCHUTZINV.:AK 78-81	0.92054	0.15987	0.01395	0.24906	0.09466	0.06026
FORSCHUNG & ENTW. : AK 1977	-0.07022	0.06037	0.06563	0.06507	0.17948	0.55149
FORSCHUNG & ENTW. : AK 1981	0.16766	-0.04904	0.28403	0.93598	0.07736	0.00073
VERAEND. FORSCH. & ENTW. : AK 77-81	0.21174	0.02638	0.29027	0.90943	0.06146	-0.00360
ARBEITSPROD.1970	-0.17135	-0.07103	0.23030	0.82084	0.14707	0.03530
ARBEITSPROD.1981	0.49780	0.74697	0.07133	0.17729	0.22076	0.20814
VERAENDER. ARBEITSPROD.70-81	0.57559	0.45017	0.10091	0.22006	0.46027	0.21601
FINANZHILFEN U. STEUERV.G.: AK 1978	-0.13988	0.90111	0.02421	-0.02976	0.24693	-0.08854
FINANZHILFEN U. STEUERV.G.: AK 1981	0.14811	-0.02270	0.91881	-0.29013	-0.04277	0.06092
VERAEND. FINANZH. U. STEUERV. : AK 78-81	0.15676	-0.01456	0.88502	-0.30708	-0.01044	0.05964
	-0.01271	0.13433	-0.70753	0.20585	0.14442	-0.00406
FLAECHE : AK 1981	0.74757	-0.00061	-0.24978	0.19278	0.19236	0.05038

Abbildung 44:

FAKTOR 1

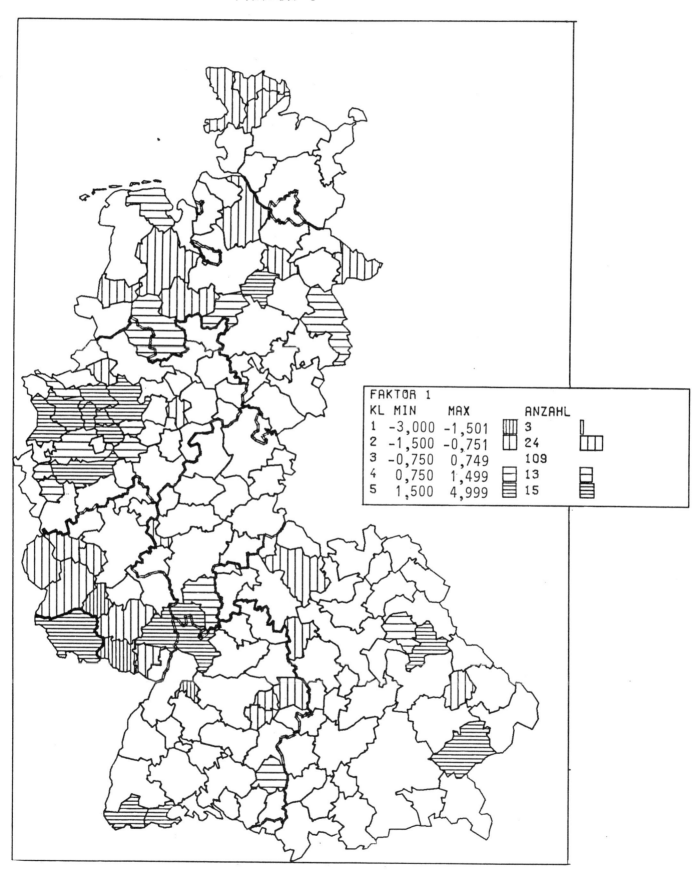

Quelle: Eigene Berechnungen

gereihten Skala befinden sich stark landwirtschaftlich geprägte Regionen
(Eifel, Teile Bayerns und Niedersachsens).

Eine ähnliche Interpretation wie beim Faktor 1 ist auch bei der zweiten
Supervariablen möglich. Die höchste absolute Ausprägung ergibt sich bei
der Veränderung der Arbeitsproduktivität zwischen 1970 und 1981, gefolgt
von der Veränderung der Erwerbstätigen, der Veränderung der terms-of-
-trade, der Arbeitsproduktivität 1970 sowie der Veränderung des Einkommens aus unselbständiger Arbeit (-0,676). Die regionale Verteilung (vgl.
Abbildung 45) ähnelt entsprechend stark derjenigen beim Faktor 1.

Einen besonders engen Bezug zum Faktor 3, auf den 12,1 % erklärte Varianz
zurückzuführen sind, zeigen die Finanzhilfen und Steuervergünstigungen
in den Jahren 1978 (+0,919) und 1981 (-0,885). Die Veränderung der Subventionen mit einer Ladung von -0,708 deutet darauf hin, daß jene Regionen, die 1978 besonders stark gefördert wurden, beim Wachstum der Finanzhilfen und Steuervergünstigungen schlecht abgeschnitten haben. Negativ
mit diesem Faktor hängen außerdem die Einkommen aus unselbständiger
Tätigkeit zusammen, während die Energiekosten eine positive Ladung auf
ihn besitzen.

Hohe Werte bei diesem Faktor deuten offensichtlich darauf hin, daß die
entsprechenden Regionen weniger markt-, sondern interventionsbestimmt
sind. Führend sind hier die alten Industriegebiete (Ruhrgebiet) und ländliche Regionen (Eifel, weite Teile Niedersachsens und Bayerns) (vgl.
Abbildung 46).

10,1 % der in den Variablen steckenden Varianz läßt sich über den Faktor
4 bestimmen. Besonders hoch laden auf ihn die Ausgaben für Forschung
und Entwicklung, aber auch das Einkommen aus unselbständiger Tätigkeit.
Er läßt sich damit als Forschungsfaktor charakterisieren. Höhe Ausprägungen bei den Faktorenwerten zeigen sich vor allem in den Ballungsgebieten der Bundesrepublik. In der Wirklichkeit dürften die hier zum
Ausdruck kommenden Unterschiede zwischen ländlichen und städtischen
Regionen noch ausgeprägter sein, da zwischen ihnen ausgeprägte funktions-
räumliche Arbeitsteilungen herrschen, die nicht in den hier errechneten
Struktur-, sondern in Standortfaktoren zum Ausdruck kommen würden. (Vgl.
Abbildung 47).

Abbildung 15:

FAKTOR 2

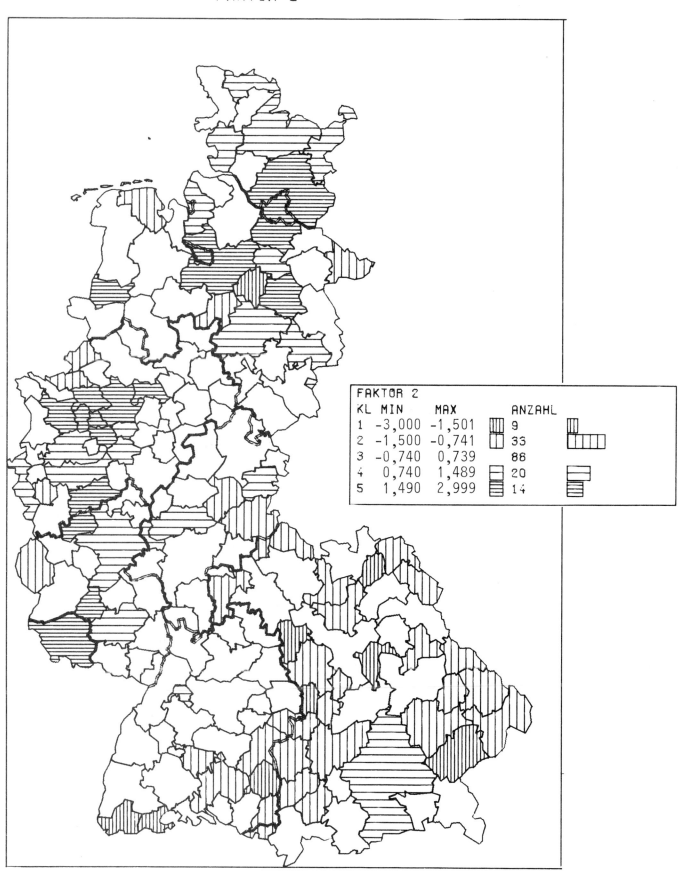

Quelle: Eigene Berechnungen

Abbildung 46:

FAKTOR 3

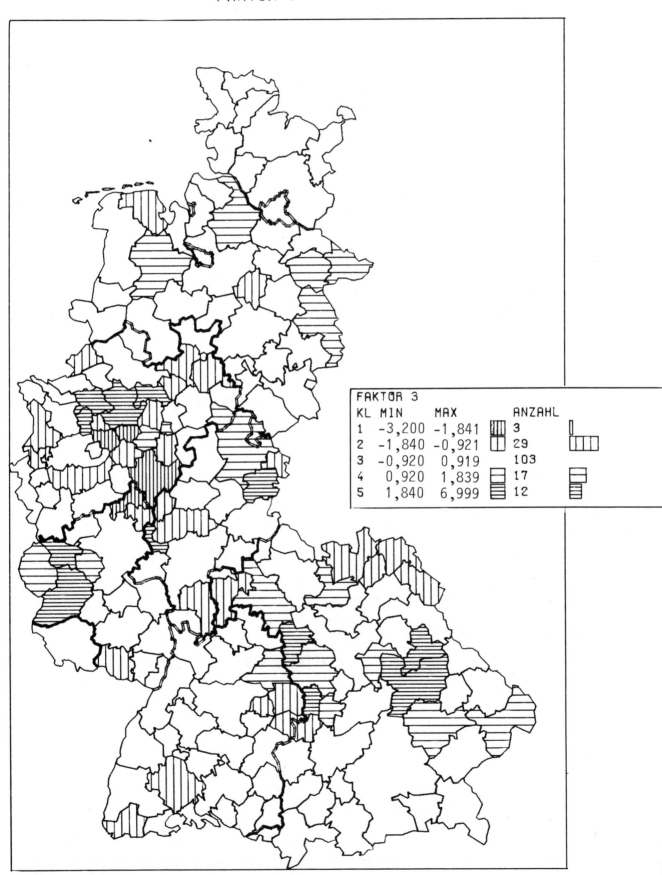

Quelle: Eigene Berechnungen

Abbildung 47:

FAKTOR 4

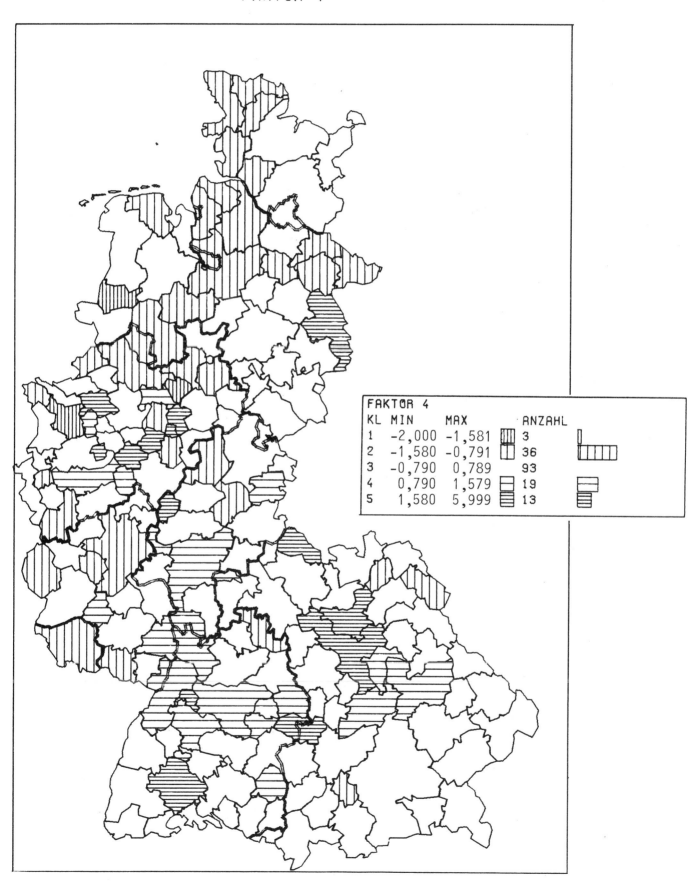

Quelle: Eigene Berechnungen

Der fünfte Faktor, auf den 8,1 % der Varianz zurückzuführen ist, hängt mit jenen Variablen eng zusammen, die wirtschaftliches Wachstum beschreiben; er läßt sich darum als Wachstumsfaktor kennzeichnen. Besonders hohe Ladungen erfährt er durch die Veränderung der Bruttowertschöpfung, das Wachstum der Nachfrage, die Veränderungen von Erwerbstätigen, Sachkapital und Kapitalintensität sowie durch die Höhe der Arbeitsproduktivität 1981.

Erwartungsgemäß finden sich diese besonders günstigen sektoralen Voraussetzungen in den großen Dienstleistungszentren der Bundesrepublik Deutschland, so in den Großräumen Hamburg, Düsseldorf/Köln/Bonn, Frankfurt, Stuttgart und München (vgl. Abbildung 48). Schlußlichter bilden die peripheren ländlichen Regionen, die außerdem noch durch eine hohe Präsenz von Textil- und Bekleidungsgewerbe charakterisiert sind (Oberfranken), und alte Industrieregionen (Ruhrgebiet, Saarland).

Da der Faktor 6 nur relativ kleine Ladungen besitzt, ist eine vernünftige Interpretation kaum möglich, so daß auf sie verzichtet werden soll.

Abbildung 48:

FAKTOR 5

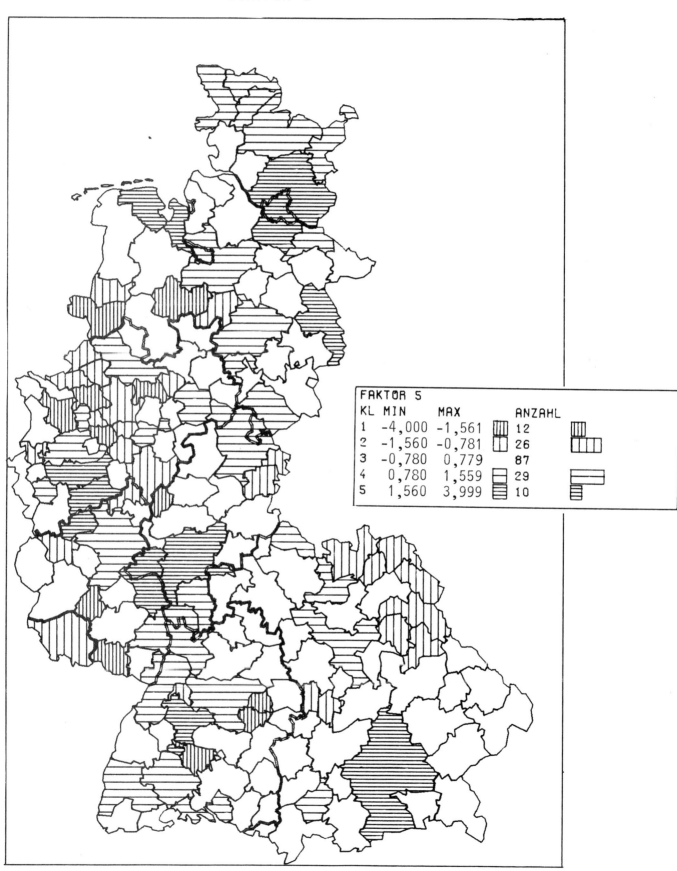

Quelle: Eigene Berechnungen

C. Schlußteil: Z U S A M M E N F A S S U N G   D E R   E R G E B -
                 N I S S E

In der vorliegenden Untersuchung erfolgt der Versuch, die regionalen
Implikationen des sektoralen Strukturwandels abzuleiten. Verwendung
finden hier die 5 Strukturberichte von DIW, HWWA, Ifo, IfW und RWI,
in denen die Dimension des und die Gründe für den sektoralen Strukturwandel bis zu den Jahren 1978 und 1981 aufgezeigt werden.

Zur Lösung der Problemstellung wird hierbei von einem Modell des sektoralen Strukturwandels ausgegangen, das Strukturverschiebungen aus dem
Zusammenspiel von Angebot und Nachfrage ableitet. Wie es der gängigen
Einteilung innerhalb der Volkswirtschaftslehre entspricht, wird dabei
in bezug auf die Nachfrage zwischen Vor- und Endnachfrage unterschieden,
wobei letztere aus dem privaten Konsum, der Investitionsgüternachfrage,
der Staatsnachfrage und den Exporten besteht. Bei den Angebotsfaktoren
erfolgt eine Unterscheidung zwischen der Menge und der Qualität der im
Produktionsprozeß eingesetzten Arbeitskräfte, dem eingesetzten Kapital
(einschl. Energieverbrauch und Umweltschutzinvestitionen) und dem technischen Fortschritt. Neben diese Markt- treten politische Faktoren, die
sich in einem Eingriff des Staates in den Wirtschaftsprozeß äußern.

Für diese einzelnen Determinanten des sektoralen Strukturwandels liegen
auf gesamtwirtschaftlicher Ebene sektoral differenzierte Ausprägungen
vor. Sie wurden mit den Gewichten dieser Wirtschaftszweige in den einzelnen regionalen Arbeitsmärkten multipliziert, wobei die Summe über
die einzelnen Branchen zu sektoralen Erwartungswerten führte. Diese
sektoralen Erwartungswerte lassen einen interregionalen Vergleich zu
und machen deutlich, in welchen Regionen der Bundesrepublik in bezug
auf das betrachtete Kriterium eine günstige oder ungünstige Sektoralstruktur vorliegt.

Die Kriterien werden im Rahmen der Arbeit im einzelnen vorgestellt. Dabei
zeigt sich, daß sie nicht unabhängig voneinander sind, sondern in enger
wechselseitiger Beziehung stehen. Aus diesem Grund bietet es sich an,
ihre korrelativen Beziehungen zu untersuchen und eine Informationsver-
dichtung mit Hilfe einer Faktorenanalyse vorzunehmen. Durch sie

gelingt es, die in den Einzelvariablen steckende Information zum größten Teil durch 5 Faktoren auszudrücken.

Faktor 1 und Faktor 2 hängen besonders eng mit jenen Variablen zusammen, die den Industrialisierungsgrad von Regionen zum Ausdruck bringen. So wird der Faktor 1 hoch durch die Kapitalintensität, die Höhe der Umweltschutzinvestitionen, die Fläche je Arbeitskraft, das Einkommen aus unselbständiger Arbeit, die Höhe der Energiekosten und die Arbeitsproduktivität geladen. Höhere negative Faktorenladungen ergeben sich dagegen bei der Veränderung des Einkommens aus unselbständiger Arbeit sowie den Wachstumsraten von Kapitalintensität und Arbeitsproduktivität. Entsprechend finden sich die höchsten Faktorenwerte in den (alten) Industriegebieten der Bundesrepublik Deutschland. Führend ist Duisburg mit einem Faktorenwert von 4,551, gefolgt von Recklinghausen und Dortmund mit Ausprägungen von 2,425 und 2,139.

Auf den Faktor 2 laden vor allem Variable hoch, die komparativ-statische Tatbestände im Zeitraum von 1970-1981 zum Ausdruck bringen. Dies gilt insbesondere für die Veränderungen der Arbeitsproduktivität, der Menge der Erwerbstätigen, der Veränderung der terms-of-trade sowie des Einkommens aus unselbständiger Arbeit. Die regionale Verteilung ähnelt derjenigen beim Faktor 1.

Einen besonders engen Bezug zum Faktor 3 zeigen die Finanzhilfen und Steuervergünstigungen. Hohe Werte bei diesem Faktor deuten offensichtlich darauf hin, daß die entsprechenden Regionen weniger markt-, sondern interventionsbestimmt sind. Führend sind hier die alten Industriegebiete (Ruhrgebiet) und ländliche Regionen (Eifel, weite Teile Niedersachsens und Bayerns).

Der Faktor 4 läßt sich als Forschungsfaktor charakterisieren. Hohe Ausprägungen bei den Faktorenwerten zeigen sich erwartungsgemäß vor allem in den Ballungsgebieten der Bundesrepublik.

Der fünfte Faktor hängt mit jenen Variablen eng zusammen, die wirtschaftliches Wachstum beschreiben, wie Veränderung der Bruttowertschöpfung und Wachstum der Nachfrage; Er läßt sich darum als Wachstumsfaktor kennzeichnen und findet seine höchsten Werte in den großen Dienstleistungszentren der Bundesrepublik Deutschland.

Um das häufig behauptete Süd-Nord- sowie Stadt-Land-Gefälle überprüfen zu können, wurde neben der Darstellung der Kriterien für die einzelnen Sektoren und regio-

nalen Arbeitsmärkte eine Varianzanalyse durchgeführt. Hierbei erfolgte
ein Unterteilung der Bundesrepublik zum einen nach norddeutschen Küsten-
ländern, Nordrhein-Westfalen, Hessen/Rheinland-Pfalz/Saarland, Baden-
Württemberg und Bayern, zum anderen nach Dienstleistungszentren, Industriegebieten, ländlichen Räumen mit Verdichtungsansätzen und peripheren
ländlichen Regionen. Hierbei zeigt sich, daß für den Wachstumsrückstand
der norddeutschen Regionen weniger die Sektoralstruktur mit ihrem relativ
hohen Dienstleistungsanteil, sondern vielmehr Standortfaktoren verantwortlich zeichnen.

Arbeitsmaterial
der Akademie für Raumforschung und Landesplanung

Nr. 76

ENDOGENE ENTWICKLUNG
THEORETISCHE BEGRÜNDUNG UND STRATEGIEDISKUSSION

Inhaltsverzeichnis

VORWORT

In diesem Band der Reihe "Arbeitsmaterial" der Akademie sind zwei Beiträge zum
Thema der endogenen Entwicklung zusammengefaßt. Der erste Beitrag von *U. Hahne*
analysiert diese Konzeption aus wirtschaftstheoretischer Sicht. Dabei wird zu
dem Versuch einer Definition und der systematischen Erfassung der theoretischen
Hintergründe eine sehr umfangreiche Bibliographie zum Thema beigegeben.

Der zweite Beitrag von *S. Hartke* konzentriert sich auf die instrumentellen und
organisatorisch-institutionellen Aspekte des Themas, wobei er auch auf die bisherigen Versuche der Umsetzung der Strategie eingeht.

Mit den beiden Beiträgen wird sowohl der eher theoretisch-konzeptionell inter-
essierte Fachmann, als auch der umsetzungsorientierte Vertreter der planenden
Verwaltung angesprochen.

Der gesamte Band umfaßt 100 Seiten; Format DIN A4; 1984; gegen Zahlung einer

Schutzgebühr von DM 15,-/Ex. beim Sekretariat der ARL erhältlich.

Arbeitsmaterial
der Akademie für Raumforschung und Landesplanung

Nr. 78

REGIONALE WIRTSCHAFTSPOLITIK UND ARBEITSMARKTPOLITIK

Sitzung der Sektion II der Akademie am 25.9.1981 in Kassel

Aus dem Inhalt:

BEGRÜSSUNG

Dr. Karl Haubner, Wissenschaftlicher Sekretär der Akademie,
Hannover

Hans Eichel, Oberbürgermeister der Stadt Kassel

VORTRÄGE

Klaus-Jürgen Hoffie, Minister für Wirtschaft und Technik des
Landes Hessen, Wiesbaden

Ist eine regionalisierte Konjunktur- und Arbeitsmarktpolitik
möglich?

Prof. Dr. Paul Klemmer, Universität Bochum

Die Berücksichtigung arbeitsmarktpolitischer Aspekte
im 10. Rahmenplan der GRW - Thesen

Prof. Dr. Wolfram Mieth, Universität Regensburg

Qualität von Arbeitsmärkten und regionale Entwicklung -
ausgewählte Ergebnisse eines Arbeitskreises der ARL

Dr. Karl-Bernhard Netzband / Dipl.-Vw. Klaus Willich,
HLT Gesellschaft für Forschung, Planung,
Entwicklung mbH, Wiesbaden

Indikatoren regionalisierter Arbeitsmarktbeobachtungen

STATEMENT

Klaus-Jürgen Hoffie, Minister für Wirtschaft und Technik
des Landes Hessen, Wiesbaden

Stellungnahme zum bisherigen Diskussionsverlauf

DISKUSSIONSBERICHTE

Dipl.-Vw. Burkhard Lange, Wissenschaftlicher Referent der
Akademie, Hannover

Der gesamte Band umfaßt 87 Seiten; Format DIN A4; 1983; gegen Zahlung einer

Schutzgebühr von DM 15,-/Ex. beim Sekretariat der ARL erhältlich.

705611